JASO 耐震総合安全機構 　能登半島地震被害調査団

2024年 能登半島地震　被害記録と提言

とりもどす街と地域の暮らし

株式会社テツアドー出版

まえがき

2024年　能登半島地震

　2024年1月1日16時10分、能登半島地震が発生した。ここ10年以上、能登半島では地震が続いていた。人間の作った暦は、自然にとって意味がない。元旦に大地震が起こったことは偶然である。しかし、人間にとっては大きな意味があった。正月を家族で祝う、故郷で過ごす、一年の計をはかる、そうした特別な日に地震と津波が襲った。また、能登は日本海に突き出た半島で、交通の便が悪い。落ち武者の里があるほどだ。正月と地形、二つの要因で初動が遅れた。さらに救援、復旧の手の入り方も遅れた。また、震源となった活断層が海中にあり、精査研究が遅れていたことも不幸だった。そうしたことが重なり、能登半島地震はこれまでになく悲惨な災害といわれている。

　まもなく地震発生から一年が経とうとしている。石川県の復興計画もでた。道路の復旧も進んでいる。時間がかかっているが、着実に前進している。関係者各位の努力に敬意を払いたい。

JASOとは

　NPO法人　耐震総合安全機構（JASO）は、2004年設立の耐震化支援の団体である。主に東京を中心として全国で、耐震アドバイザー派遣、耐震診断、補強計画等の活動を行っている。また、地震災害発生の際に現地被害調査を行い、報告書を出版している。これまでに2011年の東日本大震災、2016年の熊本地震の報告書を出した。

　今回の地震でも、現地調査団を派遣した。また、地元に関係のある会員が個人として被災地に入った。協力会員の企業も施工実績を調査した。その結果をまとめたのが本書である。

本書の目的

　地震災害が繰り返し襲う日本においても、災害の表れ方は異なる。阪神淡路大震災の直下活断層による強烈な揺れと火災、東日本大震災の津波、熊本地震のマンション被災等である。本書はそうした震災被害固有の有り様を記録として残すことを第一の目的にしている。被災した建物はやがて撤去され、跡形もなくなる。しかし破壊された建物には多くの貴重な教訓が残されている。それを記録する。さらに、被害の要因や対策を考えるのが本書の目的である。

　最後になったが、被災した能登半島の方々にお悔やみとお見舞いを申し上げ、一日も早い復旧と復興の実現を願いたい。

調査概要

●JASO現地被害調査団　2024年4月1日～2日

4/1：輪島市 河井町、三井町、門前町門前地区、長井町、輪島市街、門前町黒島町

4/2：珠洲市 宝立町、正院町、見附島

氏　名	所属会社
安達　和男	Adachi Archi Associate
石橋　謙介	富士テクノ㈱
伊藤　昌志	㈲共同設計・五月社一級建築士事務所
今井　章晴	㈱ハル建築設計
大谷　孝介	㈱江守建築設計
近藤　一郎	㈲プラナーク設計
鯨井　勇	㈱藍設計室
河野　進	㈱河野進設計事務所
篠崎　玲紀	㈱ライク　東京支店
白石　健次	㈱漆企画設計
鈴木　昭夫	サンリョウ設計㈲
早川　太史	㈲共同設計・五月社一級建築士事務所
藤本　健	藤本環境・エネルギー計画室
三木　剛	㈲共同設計・五月社一級建築士事務所
三島　直人	一級建築士事務所住環境変換装置
宮城　秋治	宮城設計一級建築士事務所

●JASO会員の個別調査

4/22：珠洲市 正院町、蛸島町、見附島、鳳珠郡能登町宇出津、穴水町、内灘町

6/10：七尾市（一本杉通り、和倉温泉）、輪島市（朝市通り、門前町、黒島町）、志賀町（赤崎）、羽咋市

屋敷　義久	湊建築事務所
屋敷　和也	湊建築事務所
足田　尚人	尚建築事務所
法人賛助会員	矢作建設工業㈱

●個別調査　2024年9月14日～16日（鯨井、坂井、伊藤）

9/14：珠洲市 正院町→蛸島町→三崎町（須須神社）→狼煙町→折戸町（つばき茶屋）→馬緤町→大谷町（大谷神社）→若山町（黒丸家住宅）→野々江町（海浜あみだ湯）

9/15：珠洲市 正院町→飯田町→上戸町（湯宿さか本）→宝立町（デカ曳山倉庫）→鳳珠郡能登町（恋路海岸）→輪島市町野町（時国家、もとやスーパー）

9/16：珠洲市 東山中町→飯田町（乗光寺）

坂井　里江	藍建築研究所　一級建築士事務所

■まえがき

■調査概要

■能登半島地震 ……………………………………………………………………… 6

■調査建物リスト ……………………………………………………………………… 8

■調査分布プロット図 ……………………………………………………………… 12

■3　調査報告 ……………………………………………………………………… 15

1	WSホテル	16	49	河井町－木造⑰	63
2	Gビル	17	50	河井町－木造⑱	64
3	S支店	18	51	河井町－木造⑲	65
4	WK小学校	19	52	河井町－木造⑳	66
5	Hビル	20	53	河井町－木造㉑	67
6	HK銀行社員寮	21	54	河井町－木造㉒	68
7	HK銀行	22	55	河井町－木造㉓	69
8	HK新聞社	23	56	河井町－木造㉔	70
9	歩道	24	57	河井町－木造㉕	71
10	ホテルMW	25	58	河井町－木造㉖	72
11	県営M住宅団地	27	59	マリンパークのボートパーク	73
12	のと里山空港	28	60	輪島　善龍寺	75
13	SS店舗	29	61	見附温泉N荘	76
14	錦川通り	30	62	見附島	77
15	KT信金	30	63	宝立町－木造①	79
16	WI店舗	31	64	宝立町－木造②	80
17	輪島市ふれあい健康センター	32	65	宝立町－木造③	81
18	NY店舗	33	66	宝立町－木造④	82
19	ゲストハウスU	34	67	宝立町－木造⑤	83
20	S浴場	35	68	宝立町－木造⑥	84
21	木造建築物の基礎破壊	36	69	宝立町－木造⑦	85
22	FWビル	37	70	正院町－木造①	86
23	焼け跡に佇む鉄骨造建物	38	71	正院町－木造②	87
24	輪島　總持寺祖院	39	72	正院町－木造③	88
25	総持寺　回廊	43	73	正院町－木造④	89
26	S造園用品店	43	74	正院町－木造⑤	90
27	M化粧品店	44	75	正院町－木造⑥	91
28	S漆器店	44	76	正院町－木造⑦	92
29	Wレストラン	45	77	正院町－木造⑧	93
30	M洋品店	45	78	2000年仕様の住宅	94
31	Hカラオケ店	46	79	K民宿	94
32	黒島角海家住宅 (国指定重要文化財)	46	80	Mレストラン	95
33	河井町－木造①	47	81	Yホテル	95
34	河井町－木造②	48	82	Aホテル	96
35	河井町－木造③	49	83	S旅館	96
36	河井町－木造④	50	84	Mホテル	97
37	河井町－木造⑤	51	85	Kホテル	97
38	河井町－木造⑥	52	86	光徳寺	98
39	河井町－木造⑦ (No.16 WI店舗と同一建物)	53	87	古い商店	99
40	河井町－木造⑧	54	88	店舗併用住宅	99
41	河井町－木造⑨	55	89	新港中継ポンプ場	100
42	河井町－木造⑩	56	90	液状化の住宅地	100
43	河井町－木造⑪	57	91	宗教施設	101
44	河井町－木造⑫	58	92	西荒屋小学校	101
45	河井町－木造⑬	59	93	榊原神社	102
46	河井町－木造⑭	60	94	西荒屋地区の道路と住宅被害	103
47	河井町－木造⑮	61	95	志賀町赤崎地区	103
48	河井町－木造⑯	62	96	金沢城の城壁	104

■4 考察と提言 ……………………………………………………………………… 107

4-1 能登半島の地形と地質 …………………………………………………………… 108
近藤一郎

4-2 能登半島地震の津波被害 ………………………………………………………… 115
宮城秋治

コラム 珠洲市における津波の記録写真 …………………………………………………… 120
伊藤昌志

4-3 輪島朝市通り　石川県輪島市河井町１ ……………………………………… 122
近藤一郎

4-4 木造建物の被害 …………………………………………………………………… 125
鈴木昭夫

4-5 能登半島地震被害状況　基礎と建物の関係 ………………………………… 128
白石健次

4-6 能登木造伝統構法　石場建て これからの風景 …………………………… 130
鯨井勇、坂井里江

4-7 寺院建築の被害について　その他木造建築の工法の考察 ………………… 139
三島直人

4-8 能登半島地震における木造基礎被害について ……………………………… 145
白石健次

4-9 建物の基礎と敷地の安全 ……………………………………………………… 147
屋敷義久

4-10 液状化した地域の非木造建物の被害　輪島市における液状化被害報告 ……… 150
今井章晴

4-11 液状化した地域の非木造建物の復旧 ………………………………………… 156
今井章晴

4-12 外付け耐震補強された RC 建築物の調査報告 ……………………………… 159
ピタコラム工法協会　矢作建設工業株式会社

4-13 インフラ設備の被害とその教訓 ……………………………………………… 166
藤本健

4-14 窓建具の耐震性について ……………………………………………………… 170
篠﨑玲紀

4-15 瓦の耐震性と瓦が創り出す風景 ……………………………………………… 173
伊藤昌志

4-16 能登半島 黒の文化論 ～次世代に残すべき価値観～ …………………… 177
早川太史

4-17 上越市での地震体験と能登半島地震視察手記 …………………………… 182
足田尚人

4-18 自分の命は自分で守る　地震から命と建物を守り、地震後も暮らし続けるために ……… 186
今井章晴

4-19 能登半島地震被害調査から見えてきた地震被害事前予測の重要性 ……… 192
河野進

4-20 能登半島地震の復興計画－人口減少・高齢化社会へ …………………… 195
安達和男

能登半島地震 (のとはんとうじしん)

　2024年(令和6年)1月1日16時10分、石川県の能登半島地下16km、鳳珠郡穴水町の北東42kmの珠洲市内で発生した内陸地殻内地震。地震の規模はM7.6であった。また輪島市と羽咋郡志賀町で最大震度7を観測した。気象庁による正式名称は「令和6年能登半島地震」(英: The 2024 Noto Peninsula Earthquake)。

　この地震は、能登半島西方沖から佐渡島西方沖にかけて伸びる活断層を震源とする地震であった。震源域である能登地方では、2018年ごろから地震が断続的に続いており、特に2020年12月ごろから地震回数が増加していた(能登群発地震)。その活動が収束しない中で2024年1月1日16時6分にM5.5の前震が発生し、最大震度5強が観測された。その4分後の16時10分に本震が発生し、その後も最大震度5弱以上の強い余震が繰り返し発生した。

　本震により日本国外を含め日本海沿岸の広範囲で津波が観測されたほか、各地で土砂災害、火災、液状化現象、家屋の倒壊が相次ぎ、交通網も寸断されるなど、奥能登地域を中心に北陸地方の各地で甚大な被害をもたらした。交通網の寸断や被災地の地形により自衛隊による救助活動も難航した。

　2024年8月時点で、死者は341人(うち災害関連死112人)、全壊家屋は6,273棟にのぼり、能登地域の特徴である古い瓦屋根の木造住宅の倒壊、土砂崩れによる被害によって多くの犠牲者が出た。また、被害範囲とし石川県の他、新潟県、富山県まで及んでいた。

人的　　被害等の状況 (消防庁情報：8月21日14:00現在)

都道府県	人的被害							住家被害						非住家被害		
	死者	うち災害関連死	行方不明者	負傷者			合計	全壊	半壊	床上浸水	床下浸水	一部破損	合計	公共建物	その他	合計
				重傷	軽傷	小計										
	人	人	人	人	人	人	人	棟	棟	棟	棟	棟	棟			
新潟県	2	2		8	44	52	54	108	3,866		14	18,114	22,102		65	65
富山県				14	42	56	56	255	783			20,174	21,212		1,087	1,087
石川県	339	110	3	335	876	1,211	1,553	5,910	16,231	6	5	60,426	82,578	131	33,652	33,783
福井県				6		6	6		12			752	764		9	9
長野県												20	20			
岐阜県				1		1	1					2	2		1	1
愛知県				1		1	1									
大阪府				5		5	5									
兵庫県				2		2	2									
合計	341	112	3	357	977	1,334	1,678	6,273	20,892	6	19	99,488	126,678	131	34,814	34,945

※富山県の公表情報において住家被害の「未分類」と表記されている情報は本表に反映していない
※石川県の公表情報において非住家被害の「調査中」と表記されている情報は反映していない
≪死者の内訳≫
【石川県】七尾市14人、小松市1人、輪島市142人、珠洲市122人、羽咋市1人、
　　　　内灘町1人、志賀町7人、穴水町26人、能登町25人

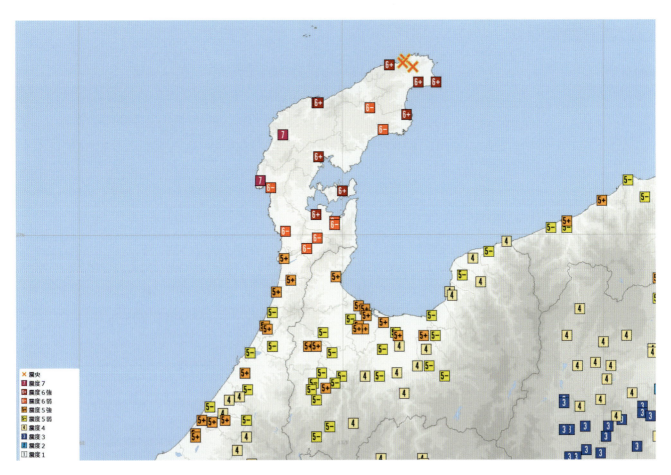

能登半島地震　2024年1月1日震度データベース　※気象庁HPより引用

調査建物リスト

■輪島

No	呼称	所在地	用途	構造	規模	建設年	被害状況	担当者
1	WSホテル	輪島市河井町	ホテル	RC造	7階建	1974年 (昭和49年)	傾斜、1階エントランスせり上がりによる損傷	宮城・今井
2	Gビル	輪島市河井町	事務所 店舗ビル	RC造	7階建	1973年 (昭和48年)	転倒	白石
3	S支店	輪島市河井町	生保	RC造	2階建	昭和40年代	耐震補強済、外階段脱落	屋敷
4	WK小学校	輪島市河井町	学校	RC造	3階建	1970年 (昭和45年)	傾斜(耐震補強済)	宮城・今井
5	Hビル	輪島市河井町	店舗、事務所 工場、宿泊施設	RC造	7階建	1977年 (昭和52年)	傾斜、外階段の倒壊	宮城・今井
6	HK銀行社員寮	輪島市河井町	社宅	RC造	4階建	1985年 (昭和60年)	建物被害なし、敷地内液状化	宮城・今井
7	HK銀行	輪島市河井町	銀行	RC造	2階建	1997年 (昭和52年)	建物被害なし、敷地内液状化、営業中	宮城・今井
8	HK新聞社	輪島市河井町	新聞社	S造	3階建	1996年 (平成8年)	建物被害なし、敷地内液状化	宮城・今井
9	歩道	輪島市河井町		—	—		液状化　パトマウント、車止め、舗石平板、マンホール浮り上り	宮城・今井
10	ホテルMW	輪島市河井町	ホテル	S造	7階建	1981年 (昭和56年)	EXP.j2棟、1棟傾斜、土間スラブ盛上り、受水槽傾斜	宮城・今井
11	県営M住宅団地	輪島市河井町	共同住宅	RC造 壁式	5階建	1972年 (昭和52年)	階段室型3棟、1号棟傾斜、塔屋座屈、敷地内液状化	宮城・今井
12	のと里山空港	輪島市三井町	空港	RC造	4階建	2003年 (平成15年) 開港	階段に亀裂、壁天井にも亀裂	安達
13	SS店舗	輪島市河井町	店舗	木造	2階建		完全に倒壊	安達
14	錦川通り	輪島市河井町	道路	—	—		液状化した道路	安達
15	KT信金	輪島市河井町	信用金庫	S造?	2階建	2017年	外観からは被害なしと思われる	安達
16	WI店舗	輪島市河井町	店舗	木造	2階建		1階が圧壊し大破、コンクリート煙突が転倒	安達
17	輪島市ふれあい健康センター	輪島市河井町	健康センター	RC造	3階建		軽微、不同沈下の可能性あり	安達
18	NY店舗	輪島市河井町	店舗	木造	2階建		1階の柱、壁が傾いて大破	安達
19	ゲストハウスU	輪島市河井町	店舗・ゲストハウス	木造	2階建		土蔵が大破	安達
20	S浴場	輪島市河井町	浴場	木造	3階建		1階が圧壊し大破、コンクリート煙突が転倒	安達
21	木造建築物の基礎破壊							白石
22	FWビル							白石
23	焼け跡に佇む鉄骨造	輪島市朝市通り	店舗	S造	2～4階建		鉄骨が高熱に長時間さらされて、部材が変質	屋敷
24	総持寺祖院	輪島市門前町門前地区	寺院	木造	門	江戸後期～	総門　中破、芳春院　倒壊	近藤・三島
25	総持寺　回廊	輪島市門前町門前地区	寺院	木造	廊下	2007年以降補強	倒壊した部分、傾斜した部分	屋敷
26	S造園用品店	輪島市 長井町	店舗・住宅	S造・LS造	2階建	昭和40、50年代	軽量鉄骨部が崩壊	屋敷

No	呼称	所在地	用途	構造	規模	建設年	被害状況	担当者
27	M化粧品店	輪島市河井町	店舗・住宅	木造	2階建	昭和50年代	LSラチス梁の下の柱折れと劣化	屋敷
28	S漆器店	輪島市河井町	店舗	木造	2階建	昭和40年代以降	耐震補強の袖壁が崩壊	屋敷
29	Wレストラン	輪島市河井町	レストラン	S造	4階建	昭和50年代	不同沈下により3度程傾斜している	屋敷
30	M洋品店	輪島市河井町	店舗	S造	5階建	昭和50年代	3度程不同沈下で傾斜している	屋敷
31	Hカラオケ店	輪島市門前町	店舗	木造	2階建	昭和50年代	筋交いが外れ、柱が基礎からずれて梁が下がっている	屋敷
32	黒島角海家住宅	輪島市門前町	廻船問屋住宅	木造	平屋	2011年耐震補強	崩壊した部分、傾斜した部分崩壊、大破	屋敷
33	河井町-木造①	輪島市河井町	住宅	木造	2階建	不明	1階が傾斜、外壁損傷	鈴木
34	河井町-木造②	輪島市河井町	住宅	木造	3階建て	不明	2階、3階が崩壊	鈴木
35	河井町-木造③	輪島市河井町	工場	木造	2階建	1981年以前	ほぼ全体的に崩壊	鈴木
36	河井町-木造④	輪島市河井町	住宅	木造	2階建	不明	新築部、増築部1階が崩壊	鈴木
37	河井町-木造⑤	輪島市河井町	倉庫	木造	平屋	1081.6以降	無被害 「危険」張り紙	鈴木
38	河井町-木造⑥	輪島市河井町	住宅	木造	2階建	不明	1階がやや傾斜、外壁損傷	鈴木
39	河井町-木造⑦	輪島市河井町	店舗	木造	2階建	不明	1階、2階一部崩壊	鈴木
40	河井町-木造⑧	輪島市河井町	住宅	木造	2階建	不明	1階が傾斜、外壁損傷	鈴木
41	河井町-木造⑨	輪島市河井町	住宅	木造	2階建	不明	1階が傾斜、基礎損傷、土台外れ	鈴木
42	河井町-木造⑩	輪島市河井町	住宅	木造	2階建	不明	1階が傾斜	鈴木
43	河井町-木造⑪	輪島市河井町	住宅	木造	2階建	不明	1階、2階が傾斜、増築接合部損傷	鈴木
44	河井町-木造⑫	輪島市河井町	店舗併用住宅	木造	2階建	不明	1階が崩壊、2階傾斜移動	鈴木
45	河井町-木造⑬	輪島市河井町	店舗併用住宅	木造	2階建	不明	1階、2階崩壊	鈴木
46	河井町-木造⑭	輪島市河井町	住宅	木造	2階建	不明	1階が崩壊、2階傾斜移動	鈴木
47	河井町-木造⑮	輪島市河井町	住宅	木造	2階建	不明	1階が崩壊	鈴木
48	河井町-木造⑯	輪島市河井町	住宅	木造	2階建	不明	外壁損傷	鈴木
49	河井町-木造⑰	輪島市河井町	住宅	木造	2階建	不明	1階が崩壊、2階傾斜移動	鈴木
50	河井町-木造⑱	輪島市河井町	住宅(空き家)	木造	平屋	1981年以前	倒壊	鈴木
51	河井町-木造⑲	輪島市河井町	不明	木造	2階建	不明	倒壊	鈴木
52	河井町-木造⑳	輪島市河井町	店舗併用住宅	不明	2階建	1081.6以降	無被害	鈴木
53	河井町-木造㉑	輪島市河井町	住宅	木造	2階建	不明	2階が崩壊	鈴木
54	河井町-木造㉒	輪島市河井町	事務所	木造	2階建	1981年以前	無被害	鈴木
55	河井町-木造㉓	輪島市河井町	住宅	木造	2階建	不明	1階が傾斜	鈴木
56	河井町-木造㉔	輪島市河井町	住宅	木造	2階建	不明	1階が傾斜、外壁損傷、通し柱折れ	鈴木
57	河井町-木造㉕	輪島市河井町	住宅	木造	2階建	1081.6以降	無被害	鈴木
58	河井町-木造㉖	輪島市河井町	住宅	木造	3階建	不明	1階、2階が傾斜	鈴木
59	マリンパークのボートパーク	輪島市マリンタウン	港湾施設	RC造		2011年	部分的な隆起・陥没	近藤
60	輪島 善龍寺	輪島市河井町	寺院	木造伝統工法		不明		三島

■珠洲

No	呼称	所在地	用途	構造	規模	建設年	被害状況	担当者
61	見附温泉N荘	珠洲市宝立町鵜飼	旅館	RC	2階建		1階が軒天井まで浸水	安達
62	見附島	珠洲市宝立町鵜飼	独立小島				崩落	近藤
63	宝立町－木造①	珠洲市宝立町	住宅	木造	2階建	不明	1階が崩壊	鈴木
64	宝立町－木造②	珠洲市宝立町	車庫	木造	2階建	不明	土台が外れ、外壁損傷	鈴木
65	宝立町－木造③	珠洲市宝立町	店舗併用住宅	木造	2階建	不明	1階。2階の一部崩壊	鈴木
66	宝立町－木造④	珠洲市宝立町	店舗併用住宅	木造	2階建	不明	1階が崩壊、2階傾斜	鈴木
67	宝立町－木造⑤	珠洲市宝立町	住宅	木造	2階建	不明	2階が傾斜	鈴木
68	宝立町－木造⑥	珠洲市宝立町	店舗併用住宅	木造	2階建	不明	倒壊	鈴木
69	宝立町－木造⑦	珠洲市宝立町	住宅	木造	2階建	不明	1階が崩壊	鈴木
70	正院町－木造①	珠洲市正院町	店舗併用住宅	木造	2階建	不明	1階が崩壊	鈴木
71	正院町－木造②	珠洲市正院町	住宅	木造	2階建	不明	1階一部柱が傾斜、外壁損傷	鈴木
72	正院町－木造③	珠洲市正院町	不明	木造	2階建	不明	1階が崩壊	鈴木
73	正院町－木造④	珠洲市正院町	店舗併用住宅	木造	2階建	不明	下屋が崩壊	鈴木
74	正院町－木造⑤	珠洲市正院町	住宅	木造	2階建	不明	1階が傾斜、外壁損傷	鈴木
75	正院町－木造⑥	珠洲市正院町	住宅	木造	2階建	不明	倒壊	鈴木
76	正院町－木造⑦	珠洲市正院町	店舗併用住宅	木造	2階建	不明	倒壊	鈴木
77	正院町－木造⑧	珠洲市正院町	住宅	木造	2階建	不明	1階が崩壊、2階が傾斜して移動	鈴木
78	2000年仕様の住宅	珠洲市正院町	住宅	木造	2階建	2000年以降	2つ割の筋交いが座屈、破断した	屋敷
79	K民宿	珠洲市正院町	民宿	S造	2階建	昭和40年代	梁間方向に20度ほど傾斜して、1階が倒壊	屋敷
80	Mレストラン	珠洲市宝立町	レストラン	木造	平屋	昭和56年以降	建物四隅の正角筋交いが損傷	屋敷

■その他の地域

No	呼称	所在地	用途	構造	規模	建設年	被害状況	担当者
81	Yホテル	和倉温泉	ホテル	src造	8階建	昭和40年代	旧耐震部分が海側へ10度ほど傾斜している	屋敷
82	Aホテル	和倉温泉	ホテル	src造	7階建	昭和40年代	外壁パネルが剥脱落下	屋敷
83	S旅館	和倉温泉	ホテル	S造 ALC外壁	3階建	昭和40年代〜	確認できないが軽微と思われる	屋敷
84	Mホテル	和倉温泉	ホテル	RC造	5階建	昭和40年代〜	増築用のEXP.Jで損傷、EXP.J幅拡大？　平屋接続部が損傷	屋敷
85	Kホテル	和倉温泉	ホテル	src造	12階建	昭和56年	1スパン内中央の連続方立壁がせん断ひび割れ	屋敷
86	光徳寺	七尾市一本杉通り	寺院	木造		大正時代	山門　1本の柱が傾斜し、梁の仕口にずれ。鐘楼　柱脚　皿石が礎石とずれ	屋敷
87	古い商店	七尾市一本杉通り	商店	木造	2階建	不明	店先が全開口で倒壊	屋敷
88	店舗併用住宅	七尾市一本杉通り	店舗併用住宅	S造	3階建	昭和50年代	外壁ALCパネルが剥脱落下している	屋敷
89	新港中継ポンプ場	鳳珠郡能登町	下水ポンプ場	RC造	2階建 地下2階	平成7年	外構の沈下	屋敷
90	液状化の住宅地	河北郡内灘町	住宅	木造	2階建	昭和50年代〜	建物全体が10〜20cm沈下している	屋敷
91	宗教施設	河北郡内灘町	集会所(宗教施設)	RC造	3階建	昭和50年頃	全体に1mほど沈下	屋敷
92	西荒屋小学校	河北郡内灘町	学校	RC造	3階建	昭和43年頃	アプローチ外階段損傷、付属棟の沈下	屋敷
93	榊原神社	かほく市大崎	神社	木造		不明	擁壁が崩壊して奥殿が大破	屋敷
94	西荒屋地区の道路と住宅被害	河北郡内灘町	住宅	木造		昭和40年代〜	一定の地区に集中して倒壊した建物がある	屋敷
95	志賀町赤崎地区	羽咋郡志賀町	住宅地	木造			損傷軽微の建物、小破の建物	屋敷
96	金沢城・城壁	金沢市丸の内1	公園	石積		江戸時代〜近代	部分的な崩落	近藤

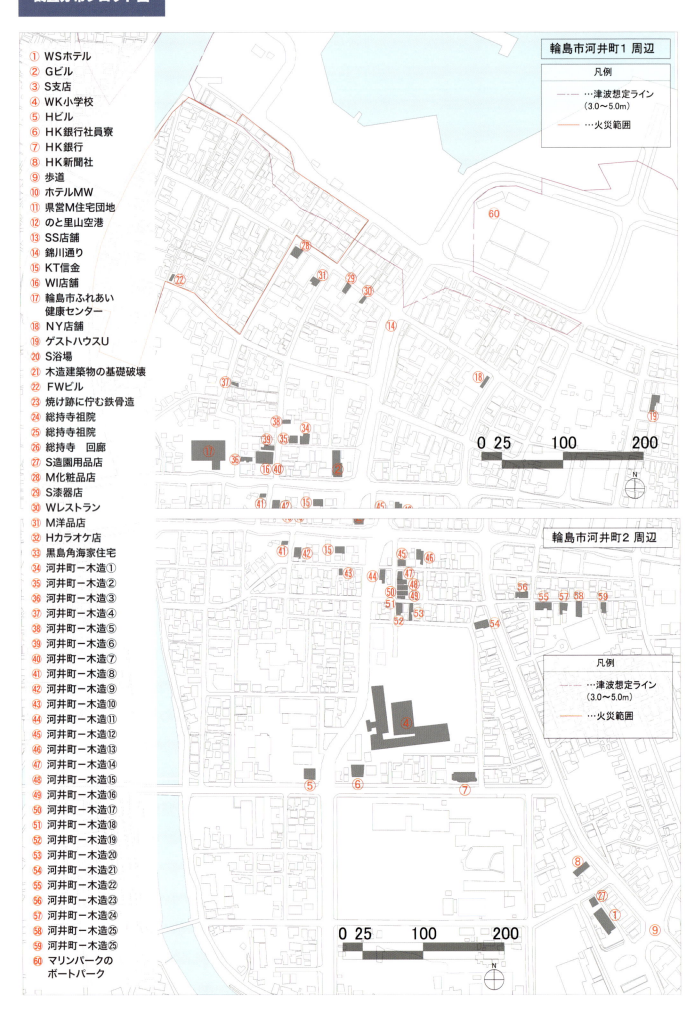

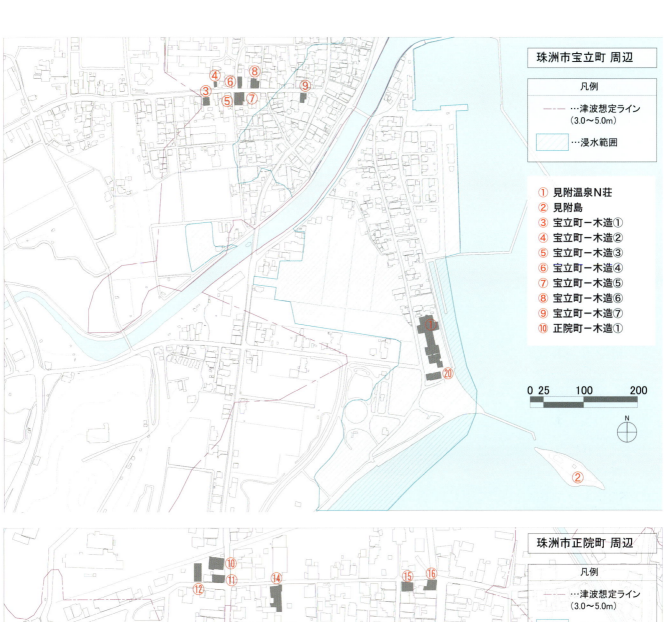

3

調査報告

WSホテル
石川県輪島市河井町

傾斜／液状化

● 建物概要
用途：ホテル
年代：1974年（昭和49年）、旧耐震
構造：RC造
規模：7階建て・塔屋なし
形状：ラーメン

● 被害状況
道の駅側の地面が隆起し、1階エントランス部分が下方から押し上げられ大きく損傷した。
建物全体は南側に傾斜している。2階以上に地震によるひび割れ等、大きな損傷は見られない。低層分に一部鉄骨造で増築された部分があり、2階外壁の一部が崩落した。

● 調査日時
2024年4月1日

[写真1] 道の駅から南側外観

[写真4] エントランス部分
道路境界と建物の間の地面が競り上がったり、陥没している。

[写真2] 西側外観
南側に傾斜している。

[写真5] 1階東側道路境界
道路境界と建物の間の地面が競り上がったり、陥没している。

[写真3] エントランス部分
1階エントランス部分が下方から押し上げられ大きく損傷している。

[写真6] 地震前のエントランスの写真
Geoglemap より

（宮城秋治、今井章晴）

Gビル
石川県輪島市河井町2丁目

倒壊

- ●建物概要
  - 用途：店舗、事務所、共同住宅
  - 年代：1973年（昭和48年）（旧耐震）
  - 構造：RC造
  - 規模：RC造7階建て、地下1階

- ●被害状況
  輪島港に近い商業ビル。鉄筋コンクリート造7階建て。基礎は既成杭と思われる。1階が店舗、事務所、3～7階が共同住宅と思われる。立面形状および平面形状は整形である。原因は未確認。西側に80°以上傾き倒壊。建物躯体には大きな損傷は見られないが東側の基礎は建物が転倒し、杭と基礎が完全に分離し地中梁は折れ曲がり鉄筋がむき出し状態。

- ●調査日時
  2024年4月1日

倒壊要因

上部構造には特に問題点は無く、建物の偏心に問題は無かったと思われる。

①西側の地盤沈下
②西側の杭破壊
③基礎杭の杭頭処理不良（杭鉄筋のアンカーや鉄筋径の不足と、廃棄物の除去不足）
④基礎杭の支持層確認不足（杭長の不足など）
⑤周辺地盤の均一化対策不足（液状化等への対策）
⑥6本柱に対する転倒モーメント検討不足

事前対策

倒壊を免れるための対策
①建物周囲の地盤の均一化と液状化対策
②支持地盤の確認と杭長の確保
③杭頭処理を充分に行う。
④転倒モーメントの確認と支持杭耐力の確保

（白石健次）

写真①　商業ビル倒壊状況

写真②　基礎及び地中梁破壊状況

写真③　隣地建物への影響

写真④　地震前の建物状況

参考資料（杭頭処理状況）

S支店
石川県輪島市河井町2

小 破

● 建物概要
用途：店舗
年代：昭和40年代
構造：RC造
規模：2階建て
形状：1階ピロティー状を耐震補強

● 被害状況
外階段が補強壁から脱落している。
アプローチは歩道と共に損傷している。

● 調査日時
2024年6月10日

倒壊・崩壊の要因

ピロティー階の階段であることからスラブ式とすべき所、持ち出し階段の配筋である。補強壁を設置した際に後施工アンカーでジベル筋を設けたようであるが、地震の際に抜けたと思われる。

ピロティーの1階本体は損傷がみとめられず、耐震補強は有効であった。

（屋敷義久）

写真①
ピロティーの袖壁補強

写真②
ピロティーの袖壁補強とアプローチの損傷

写真③
補強壁から脱落した外階段

WK小学校
石川県輪島市河井町

●建物概要
用途：小学校
年代：1970年（昭和45年）、旧耐震
構造：RC造　Exp.J 2棟
規模：3階建て
形状：ラーメン

●被害状況
旧耐震基準で建設され、耐震補強された小学校。建物に目立った損傷は見られなかった。

※国土交通省国土技術政策総合研究所・国立研究開発法人建築研究所　現地調査報告（速報）より令和6年2月14日版（1月10日調査）以下本報告書では「国総研」と記載する。

2棟の校舎の両方で沈下及び人が感知できる程度の傾斜。1階のほぼ全ての部屋において、外周部の沈下と床の盛り上がりが認められた。耐震補強をされた開口部のガラス窓には全く損傷が認められないが、耐震補強されていない建物内部のガラス窓は損傷して廊下に落下していた。建物の傾斜に伴って2階の連絡通路に設置されているExp.Jに損傷が認められた。

●調査日時　2024年4月1日

傾　斜
液状化

[写真1] 北西側外観
建物に目立った損傷は見られない。

[写真2] 西側外観（写真 国総研）
2棟の校舎の両方で沈下及び人が感知できる程度の傾斜。

[写真3] 教室（写真 国総研）
1階のほぼ全ての部屋において、外周部の沈下と床の盛り上がりが認められた。

[写真4] 廊下（写真 国総研）
耐震補強されていない建物内部のガラス窓は損傷して廊下に落下していた。

[写真5] Exp.J（写真 国総研）
建物の傾斜に伴って2階の連絡通路に設置されているExp.Jに損傷が認められた。

（宮城秋治、今井章晴）

Hビル
石川県輪島市河井町

傾斜／液状化

- ●建物概要
  - 用途：店舗、事務所、工場、宿泊施設
  - 年代：1977年（昭和52年）、旧耐震
  - 構造：RC造
  - 規模：7階建て・塔屋なし
  - 形状：ラーメン（ピロティ有）
- ●被害状況
  - 建物は北東側に傾斜し、北側1-3階の外部階段が倒壊した。
- ●調査日時
  - 2024年4月1日

会社のホームページによると、天正三年の創業から四百数十年になり、輪島塗・創作漆器の製造販売を行っている会社の本社ビルである。本建物は1977年（昭和52年）7月竣工で、1階は事務所・応接室、2階は商品展示場・茶室、3階は工場、4～7階はユーザーの方々に宿泊していただくために、輪島塗の粋をこらした宿泊施設で、漆器の製造工場を充実させるためのショールームを兼ねた本社ビルだったようだ。

（宮城秋治、今井章晴）

[写真1] 地震後の外観
建物が北東側（写真右奥）に傾斜している。

[写真3] 建物西側隣地事務所駐車場
敷地内側未舗装部分や隣地駐車場アスファルト舗装が割れて沈下した。

[写真2] 倒壊した屋外階段
倒壊し、隣家の屋根にもたれかかった。

[写真4] 倒壊した屋外階段
倒壊し、隣家の屋根にもたれかかった。

HK銀行社員寮

石川県輪島市河井町

軽微
液状化

●建物概要
用途：社宅
年代：1985年（昭和60年）、新耐震
構造：RC造
規模：4階建て
形状：ラーメン

●被害状況
建物に損傷は見られない。
エントランスアプローチや犬走りも建物と同じレベルにあり、沈下していないが、アスファルト舗装が沈下。
仮設トイレが設置されている事から、排水に支障があると推測する。

●調査日時
2024年4月1日

[写真1] 南側外観
建物に損傷は見られない。

[写真2] 南東側外観
建物に損傷は見られない。

[写真3] 1階部分外観
建物周辺でアスファルト舗装が沈下。
応急危険度判定「要注意」黄紙。
仮設トイレが設置されている事から、排水に支障があると推測する。

（宮城秋治、今井章晴）

HK銀行
石川県輪島市河井町

軽微
液状化

● 建物概要
用途：銀行
年代：1997年（昭和52年）、旧耐震
構造：RC造
規模：2階建て・塔屋なし
形状：ラーメン

● 被害状況
建物に目立った損傷は無く、銀行は営業していた。
建物周辺の舗装や敷地内アスファルト舗装が、競り上がったり陥没し、剥がれている。
水道メーター、排水桝、グレーチングなど舗装と共に変状し、設備配管は使用不能と推測する。
隣地の木造は倒壊し解体中、地境のコンクリートブロック塀は大きく傾斜している。

● 調査日時
2024年4月1日

[写真1] 南東側外観
建物やエントランスまわりに目立った損傷は無い。

[写真3] スロープ
スロープは建物本体に接続され目立った損傷はないが、その周辺の舗装が競り上がったり陥没し、剥がれている。

[写真2] 南西側外観
建物に目立った損傷は無い。
隣地とのコンクリートブロック塀が大きく傾斜している。

[写真4] 駐車場出口
建物周辺の舗装や敷地内アスファルト舗装が、競り上がったり陥没し、剥がれている。

（宮城秋治、今井章晴）

HK新聞社
石川県輪島市河井町

軽微
液状化

● 建物概要
 用途：事務所（新聞社）
 年代：1996年（平成8年）、新耐震
 構造：S造
 規模：3階建て
 形状：ラーメン

● 被害状況
 建物に目立った損傷は見られない。建物周辺の平板舗装が、競り上がったり陥没している。

● 調査日時
 2024年4月1日

[写真1] 北東側外観
建物に目立った損傷は見られない。

[写真2] アプローチ
建物周辺の平板舗装が、競り上がったり陥没している。

[写真3] アプローチ
建物周辺の平板舗装が陥没し、排水桝や水道メーターが露出している。

（宮城秋治、今井章晴）

歩道

⑨ 石川県輪島市河井町

軽微
液状化

- ●建物概要
  年代：歩道
- ●被害状況
  液状化により、インターロッキングブロックや平板等が剥がれ、路盤の砕石が露出している。
  歩道に設置された、電柱、パットマウント、案内ポール、車止めなどが傾斜し、埋設されたマンホールや排水桝が浮き上がっている。
- ●調査日時
  2024年4月1日

[写真1] 錦川通りの歩道
インターロッキングブロックや平板等が剥がれている。

[写真4] 錦川通りの歩道
住宅が歩道に倒れ、歩道を閉塞している。

[写真2] 錦川通りの歩道
インターロッキングブロックや平板等が剥がれ、噴砂が残っている。

[写真5] 錦川通りの歩道
住宅が歩道に倒れ、歩道を閉塞している。

[写真3] 錦川通りの歩道
インターロッキングブロックや平板等が剥がれ、ハンドホールが浮き上がっている。

[写真6] 錦川通りの歩道
コンクリートブロック塀の倒壊、アスファルト舗装が剥がれたままになっている。

[写真7] 駅前通りの歩道
インターロッキングブロックや平板等が剥がれ、砂利や噴砂が残っている。

[写真8] 駅前通りの歩道
インターロッキングブロックや平板等が剥がれ、砂利や噴砂が残っている。排水桝やマンホールが浮き上がり、パットマウント、案内ポールや車止めが傾斜している。

[写真9] 駅前通りの歩道
インターロッキング平板等が剥がれ、路盤の砕石が露出している。
パットマウントや車止めが傾斜している。

（宮城秋治、今井章晴）

ホテルMW
石川県輪島市杉平町矢田2

傾斜　液状化

- ●建物概要
  - 用途：
  - 年代：1981年（昭和56年）7月、旧耐震
  - 構造：S造・RC造　2棟　Exp.Jで接続
  - 規模：7階建て、塔屋有
  - 形状：ラーメン

- ●被害状況
  Exp.Jで接続された2棟からなるホテルの内1棟が傾斜した。
  エントランスのある下屋部分が下方から突き上げられ傾斜した。
  エントランスロビーやフロント裏にある事務室の床が80cm位盛り上がった。
  これらの被害は液状化の影響と思われる。

- ●調査日時
  2024年4月1日

　元日の夕方にゆっくり大浴場に入っていたお客さんたちに浴衣を何枚も重ね着させて近くの警察署に避難させた。避難所になるべきホテルが被災時に機能していない。

　受水槽は基礎ごと液状化で傾斜し揚水管は破断している。駐車場のアスファルト舗装も大きくうねって割れている。

　ホテルのオーナーならびにスタッフが内部を片付けていた。解体する予定だという。

（宮城秋治、今井章晴）

[写真1] 南西側外観

[写真2] 北西側外観

[写真5] エントランスロビーサッシ
サッシが下方から突き上げられ変形し、ガラスが割れている。

[写真3] 北西側外観
Exp.J部分、北側の棟が傾斜した。

[写真6] エントランス自動ドア
サッシが下方から突き上げられ変形し、ガラスが割れている。

[写真4] エントランス部分　　　※写真提供　屋敷義久氏
エントランス部分が下方から突き上げられ傾斜した。

[写真7] 西側道路側外壁
外壁は道路沿い2階までタイル張りだが、ひび割れて一部はく落している。

[写真8] ロビー
スパン中央付近のスラブ床が80cm位盛り上がった。

[写真9] ロビー
スパン中央付近のスラブ床が80cm位盛り上がった。

[写真10] ロビーフロント
カウンター下のスラブ床が盛上り、什器が持ち上げられずれた。

[写真11] ロビーフロント内部
スラブ床が盛上った。スラブ床の盛り上り具合により、スラブが裂けている。

[写真12] フロント裏にある事務室
スラブ床が80cm位盛り上がり、什器が移動している。

[写真13] フロント裏にある事務室
スラブ床が80cm位盛り上がり、什器が移動している。

[写真14] 受水槽傾斜
受水槽は傾斜し、配管は破損した。

[写真15] 近隣の被害
近隣の木造建物は軒並み倒壊していた。

県営M住宅団地

石川県輪島市河井町宅田町

傾斜 / 液状化

●建物概要
用途：共同住宅
年代：1972年（昭和52年）、旧耐震
構造：RC造（壁式）　3棟
規模：5階建て・塔屋有
形状：壁式階段室型

●被害状況
河原田川の河畔に立地している。
3棟からなる、壁式RC造階段室型共同住宅。
1号棟が傾斜。1号棟と3号棟の塔屋が座屈。
合併処理施設（跡地と思われる。内は空洞だったか。）が液状化により隆起している。

●調査日時
2024年4月1日

[写真1] 3号棟北側外観
塔屋が座屈している。

[写真2] 1号棟、2号棟
奥の1号棟が傾斜している。

[写真3] 3号棟北側
合併処理施設（跡地と思われる）付近のコンクリート床版が液状化により隆起している。

[写真4] 3号棟北側
合併処理施設（跡地と思われる）付近のコンクリート床版が液状化により隆起している。

[写真5] 3号棟東側
合併処理施設（跡地と思われる）が液状化により隆起している

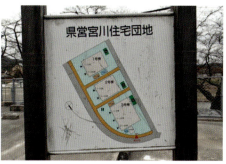
[写真6]
団地配置図

[写真7] 北西側外観
河原田川の河畔に立地している。手前3号棟の塔屋が傾斜している。

（宮城秋治、今井章晴）

のと里山空港

石川県輪島市三井町洲衛10-11-1

軽　微

●建物概要
用途：空港
年代：2003年7月7日開港
構造：RC造4階建

●被害状況
ターミナルビルのロビー階段に亀裂が入り、支保工で補強している。
天井版の継ぎ目、ガラス開口部に軽微な損傷あり。
車寄せの横断歩道先のコンクリート支柱が転倒している。周辺地盤の液状化が起こったものと思われる。

●調査日時
2024年4月2日

ターミナルビル（以下、空港ホームペイジより）

「4階建て。日本初の試みとして、空港ターミナルビルに行政機関の庁舎が複合されており、地方行政機関（石川県奥能登総合事務所、奥能登農林総合事務所、奥能登土木総合事務所分室、奥能登教育事務所、奥能登広域圏事務組合事務局・奥能登行政センター）と生涯学習センター・会議室がある。

2024年1月1日 - 同日発生した令和6年能登半島地震により、滑走路が閉鎖され、後の調査では亀裂が複数見つかった。このため、滑走路を同年1月4日まで閉鎖すると発表した。これにより、周辺空港の小松空港にて臨時便の運行が決定された。

1月11日 - 仮復旧し、自衛隊の固定翼輸送機が離着陸できるようになった。

1月27日 - ANAが羽田線の運航を再開。ただし、3月末までは定期便を欠航し、1日1往復の臨時便を週3日のみ運航する。

3月31日 - 空港の多目的用地に地震の復旧・復興活動の支援者のための仮設宿泊所が整備され、運用を開始。」

（安達和男）

写真-⑦
地震前の空港ビル外観（ホームペイジより）

写真-①
空港ロビー。2階への階段に支保工が設けられている。

写真-②
支保工は階段の降り口を支えている。

写真-③
階段の降り口の屈折部に亀裂が見える。この亀裂の進行を危惧して荷重を支える支保工を設けていると思われる。

写真-④
ロビーの天井板の継ぎ目に目違いが生じている。

写真-⑤
2階への柱の石張りに養生テープがある。開口部に網が掛けられている。

写真-⑥
駐車場への道の両側にある柱が大きく傾いている。地盤が液状化したか、不動沈下したためと思われる。

SS店舗

石川県輪島市河井町2部59

倒　壊

- ●建物概要
  - 用途：店舗
  - 構造：木造
  - 形状：2階建て

- ●被害状況
  輪島、朝市通りの入り口にある漆店である。木造2階建てだったが、完全に倒壊した。黒瓦の屋根が波打った状態で倒壊した家屋に乗っている。
  地震前の写真からは、真壁づくりのきれいな店舗であったことが解る。しかし、近年に外装改修が行われたもようで、建築年数は不明である。

- ●調査日時
  2024年4月1日

　事前の写真からは、店舗の入り口は小さいが、その脇に独立柱が見える。軒先のピロティ形状であった。これが倒壊に繋がった恐れがある。屋根の重量も相当あったのではないか。

　1,2階とも一瞬に破壊され、屋根が真下に落ちたように見える。店舗として行った改修が建物を弱くしていた可能性がある。

（安達和男）

写真-③
倒壊して歩道を塞いでいる。

写真-①
正面が朝市通り。手前左が倒壊したSS漆器店。隣家はブルーシートで壁を覆っている。

写真-④
倒壊前のSS漆器店。外装が新しくなっている。
（出典；鮮井漆器店ホームペイジ）

写真-②
瓦屋根全体が真下に落ちている。

写真-⑤
倒壊前のSS漆器店。独立した柱が見える（出典；同ホームペイジ）

錦川通り
石川県輪島市河井町 4-114 付近

軽微

- ●建物概要
  用途：道路
  年代：不明

- ●被害状況
  輪島マリンタウン観光交流施設から市内への錦川通りは、朝市通り及びいち通りに交差している。海から近い歩道が液状化していた。
  噴出した砂が舗石を押し上げている。海から近く、埋め立てされた土地の可能性がある。

- ●調査日時
  2024年4月1日

写真-①
3か月後でも噴出した砂が見える

写真-②
舗石の下は空洞化している

写真-③
かなりの砂が噴出した

（安達和男）

KT信金
石川県輪島市河井町 2-181-4

無被害

- ●建物概要
  用途：信用金庫支店
  年代：2017年11月27日新築オープン
  構造：S造？

- ●被害状況
  転倒したG屋漆店の向かい側にある金融機関支店。国道249号線に面する。
  外見上は全く被害が見られない。
  2017年竣工の鉄骨造と思われる。外観は木造民家風で、黒瓦、真壁、木板張り。
  2月には営業再開しており、内部も大きな被害はなかったと思われる。

- ●調査日時
  2024年4月1日

写真-①
国道249号からの外観、被害は見られない。

（安達和男）

WI店舗
石川県輪島市河井町 2-244

大　破

- **建物概要**
  - 用途：店舗
  - 構造：木造　2階建て
- **被害状況**
  - 国道249号に面する、創業95年の老舗漆器店及び工場。

大きな木造建物であるが、一階部分が圧壊して2階がその上に乗っている。屋根は黒瓦で重かった。倒壊した梁などは大きな断面の材を使用している。

- **調査日時**
  - 2024年4月1日

写真 - ①
国道249号に直交する道側。
1階が完全に圧壊して、2階の一部が載っている。

写真 - ③
2階屋根の梁が折れている
断面は大きい

写真 - ②
国道249号側。こちらも1階が圧壊している。
外壁は白壁塗だったことが解る。下地は木である。

写真 - ④
地震前の稲忠の店舗写真。きれいに改修していた。
出典；ホームページ

（安達和男）

輪島市ふれあい健康センター
石川県輪島市河井町 2-287-1

軽微

● 建物概要
構造：RC 造 3 階建て

● 被害状況
外観からは建物被害は見えない。但し、建物周辺、車寄せ舗装境界に亀裂が見える。建物と周辺地盤の間に不動沈下が起きていると思われる。また、4/1 時点でも玄関前に仮設トイレが置かれており、下水道が機能していないことが解る。
それでも、地震直後から避難所として用いられた。

● 調査日時
2024 年 4 月 1 日

「石川県輪島市の避難所に指定されている「ふれあい健康センター」には地震発生直後から地域の住民らが続々と訪れ、職員が対応に追われた。市のウェブサイトによると収容人数は141人だが、職員によると午後8時ごろには200人を超える人が避難してきており、さらに増えているという。」(2024.1.1朝日新聞デジタルッより)

2月までは臨時福祉避難所としても用いられていた。

（安達和男）

写真 - ②
正面玄関の手前に仮設トイレが設置されている
内部のトイレが使えないためである

写真 - ①
国道 249 号側の正面外観。損傷は見られない

写真 - ③
国建物左側の犬走に地盤面の段差が生じている。
この付近は川に近く、液状化、側方流動が見られている。
建物が不動沈下した可能性がある。

NY店舗
石川県輪島市河井町85

大 破

- ●建物概要
  - 用途：店舗　食料品店
  - 構造：木造2階建て
- ●調査日時
  - 2024年4月1日
- ●被害状況
  わいち通りにある食料品店。食事もできた様子。すいぜん、こんにゃく、ところてん等を扱う。
  間口が狭く奥行きの長い建物で、わいち通りと孫太郎小路の交差点の角にある。間口側、片方の柱が外側に開いて、1階が傾いている。付近の電灯柱等から間口方向に平行に強く揺れたと思われる。何とか倒壊は免れたが、外壁が、くの字型に傾いている。
  奥行き方向は大きくは壊れていないが、くの字型の変形が見られる。外装は近年、手を入れたものと思われる。

写真-①
1階の柱が損傷して階高が下がっているが、圧壊を免れた。下見張りの外壁は外側に開いている。

写真-④
地震前の正面写真
全国イイ味ハマル味 2015.1.7 より

写真-②
1階の柱の損傷が解る

写真-⑤
地震前の側面写真
Googlemap より

写真-③
同上

写真-⑥
側面も　くの字型に変形している

（安達和男）

ゲストハウスU
石川県輪島市河井町5-254

大破

- ●建物概要
  - 用途：飲食店舗およびゲストハウス
  - 構造：木造2階建て及び土蔵造り
- ●被害状況
  - わいち通りの奥にある。木造2階家も被害を受けているが、土蔵の方が大きく倒壊した。土蔵はゲストハウスの共用部になっており、開口の設置他の改修がなされていたと思われる。これが弱点となったのではないか。大黒柱が転倒しているのが見える。
- ●調査日時
  - 2024年4月1日

昭和初期の旧遊郭だった建物（KT舎のブログより）
以下、五井建築研究所のホームペイジより

「本建物は2018年春にオープンした「輪島KABULET®」プロジェクトの一環であり、社会福祉法人佛子園、公益社団法人青年海外協力協会、輪島市の三者が共同して取組む地方創生事業の一つである。

今回は輪島市中心部、重蔵神社近くにある築70年以上余りの木造飲食店の1階の一部をゲストハウスとして利用できるように改修を行った。個室3部屋、6人部屋のドミトリーを1部屋持つ本建物は、障がいを持った方が清掃や接客などを通じて社会の一員として働く就労支援施設としての性格を併せ持つ。

落ち着いた中庭を持つ平面構成や漆塗りの柱・白漆喰の壁面などの仕上、土蔵の蔵戸やエントランスホールに見られる木格子の飾り窓など、既存の建物が持っている良さを出来るだけ残しながら、現行法規に適するように構造補強、排煙計画、内装改修を行った。今回は部分的な改修であるが、引き続き、東京から移住するつけ麺店舗の為の改修や2階を障がい者グループホームとして利用する為の用途変更、それに加えて、隣地に新たに食品加工センターの建設などを計画中である。」

（安達和男）

写真-①
母屋の正面外観。こちらの建物は外観上それほどの損傷は見られない。

写真-⑤
地震前の外観
「輪島たび結び」のホームペイジから

写真-⑥ 地震前の内観。「弧夢走の自転車行脚」より　写真-⑦

写真-②
隣接する倉は損傷が大きい。傾向いて、外壁のしっくい塗が落ちている。

写真-③
蔵の側面は大きく壊れている。新たに設置した開口部があったと思える。

写真-④
内部の大黒柱が傾いている。外側に倒れた外壁には収納棚のような造作が見られる。

S浴場

石川県輪島市河井町5-236

大　破

●建物概要
　構造：木造3階建て　コンクリート煙突

●被害状況
　重蔵神社の奥にある煙突が倒壊している。S浴場の煙突と思われる。
　その煙突が圧し掛かった建物は、S浴場の建物か解らない。1階が圧壊して、2,3階が上に載っている。この近辺は海岸に近く、液状化が激しい。大きく浮き上がった下水道管が見られた。揺れは相当大きかったと思われる。

●調査日時
　2024年4月1日

写真 - ①
倒壊した煙突が、建物の上に圧し掛かっている。

写真 - ②
右の建物がS浴場かと思われる建物。液状化で付近の被害は大きい。

写真 - ③
1階が完全に圧壊している。

（安達和男）

木造建築物の基礎破壊
石川県輪島市内

倒　壊

● 建物概要
用途：住宅
年代：不明
構造：木造
規模：2階建て

● 被害状況
①無筋コンクリート基礎の破壊による建物の倒壊
②土台と柱の接合部及び筋かいの接合部の破壊
③基礎と土台の緊結方法に問題がある木造建築物倒壊

● 調査日
2024年4月1日

倒壊要因
①無筋コンクリート基礎の出隅部分に大きな引張力が働き、基礎が破壊し建物が倒壊したと思われる。
②鉄筋コンクリート基礎と思われるが柱が直接基礎上にあり、基礎と緊結されていなかったため、大きな揺れに抵抗できなかったことで壁が剥がれ落ちたと考えられる。
③基礎と土台の緊結が不足していたため、木造部分が基礎から分離して倒壊したと思われる。

事前対策
倒壊を免れるための対策
①鉄筋コンクリート造の基礎とする。
②基礎と土台は、既定のアンカーボルトで緊結し、柱は土台の上に接続してホールダウン金物などで緊結する。
③筋かいは、指定の金物で柱に緊結する。

（白石健次）

写真②　土台と柱の接合部及び筋かいの接合部の破壊

写真③　基礎と土台の緊結方法に問題がある木造建築物倒壊

写真①　出隅部分無筋コンクリート基礎の破壊

FWビル
石川県輪島市河井町1-26-1

22

全　焼

- ●建物概要
  - 用途：店舗、（上階は住宅の可能性あり）
  - 年代：不明
  - 構造：鉄骨造
  - 規模：7階建て・塔屋なし
- ●調査日　2024年4月1日

- ●被害状況

輪島朝市内にある商業ビル。鉄骨造4階建て。基礎は既成杭と思われる。1～2階が店舗・事務所で3～4階が住宅と思われる。立面形状および平面形状は整形である。罹災状況から判断すると地震による破損や倒壊は無かったと思われる。その後に発生した輪島朝市の火災によって罹災した建物である。建物外部は一部を除いて原型をとどめている。これは耐火建築物の基準を満たしていると考えられ、一時避難は出来たのではないかと考えられる。また、主要構造部は原型を保っており、火災による影響は少なくないが、それなりの構造耐力は有ると考えられる。

倒壊要因

倒壊はしていない。

事前対策

火災を免れるための対策

想像を絶する火災に見舞われたこともあり全焼となっているが、建物としては現行基準を充分に満たしていると考えられる。

考えられる対策としては延焼遮断帯を充分に設けることや、周辺の建物を耐火建築物とすること、あるいは自動消火栓の設置などが考えられる。

（白石健次）

罹災前の写真

写真①　商業ビル火災状況

写真②　近隣の建物被害
主要構造部が火災によって変形していることから耐火被覆が充分ではなかったようである。

23 焼け跡に佇む鉄骨造建物
石川県輪島市　朝市通り付近

中破　大破

●建物概要
用途：店舗
構造：S造
規模：2～4階建て

●被害状況
大火で内外装が消失し、鉄骨が長時間高熱に曝されたため、部材が変形・変質している。
溶接仕口等の破断は見られなかった。

●調査日時
2024年6月10日

倒壊・崩壊の要因

開口部から火が侵入して、内装から燃焼した。主要構造部は崩壊を免れた。

（屋敷義久）

写真①　周囲の木造家屋が焼失した中で簡易耐火と思われる鉄骨造本体は焼け残った。

写真②　軽量鉄骨造は焼失したが重量鉄骨造は崩壊を免れた。

輪島　總持寺祖院

石川県輪島市門前町門前 1-18 甲

| 小破 | 中破 | 大破 | 倒壊 |

●建物概要
用途：寺院
年代：1321年建立
構造：木造　伝統工法

●被害状況
1. 総門（三松関）指定有形文化財：中破　柱の基礎石からの外れ、傾き
2. 芳春院：倒壊
3. 経蔵、指定有形文化財：軽微　壁のひび割れあり
4. 鐘楼：小破
5. 山門　指定有形文化財：軽微　格子の脱落あり
6. 閑月門：大破相当　柱、屋根の傾きあり

●調査日
2024年4月1日

　總持寺は、曹洞宗の寺院である。創建年は1321年とされる。

　現在の曹洞宗の多くの寺院が同寺の系統を引く。本山の地位や諸権利をめぐって、建立時には越前の永平寺との間に論争もあったが、江戸時代になると、永平寺、總持寺ともに大本山として徳川幕府に認められた。

　明治31年の大火によりほとんどを消失。明治38年に再建されたものの、明治44年に横浜市鶴見区への移転遷祖の義が行われ移転した。以降は、能登總持寺祖院と呼ばれる。

　總持寺祖院は、本堂の大祖堂をはじめとする多くの建物が国の登録有形文化財（17棟）、県（1棟）や市（2棟）の指定文化財であるが、平成19（2007）年3月の能登半島地震によって甚大な被害が発生した。平成20年からの保存修理事業が終了してほっとした、わずか3年後に今回の再度の甚大な被害を受けた。前回よりも被害程度は大きいと言われている。

　今回の調査は、総門から山門付近までの一部分のみで実施した。　　　　（三島直人、近藤一郎）

1. 総門（三松関）

　総門　三松関は江戸後期の建物であり、高麗門形式で赤瓦葺きの大きな門である。能登では赤瓦は珍しい、もう一つの大本山永平寺由来の越前赤瓦の系統であろうか。越前赤瓦は江戸時代には耐寒性がすぐれているとして、日本海側の各地で使われた。高麗門は石川県内では4ヶ所に見られる。金沢城の河北門と金沢の蓮昌寺と妙泰寺の山門である。高麗門は2本の本柱の上に屋根をのせ、本柱の後方にそれぞれ控柱を立て、本柱と控柱の間にも小さな屋根をのせるのが特徴である。屋根を小さくできるので主に城郭に用いられる形式であるが、韓国にはこの形式の門はないので、不思議な呼称である。

　両脇に土塀が取り付いている。石積みの上に黒い下見板張りで上部はしっくい塗りである。総門横の石積は一部崩壊している。

　総門前の石灯篭は倒壊し、門の両側につく土塀の石貼りにも被害が出ている。総門自体は若干傾いてはいるが大きな被害は免れている。2007年3月の能登半島地震での被害も同様に少なかった。今回の地震でも被害は軽微の範囲と思われるが、高麗門は屋根が小さい事によるのであろうか。また、本柱（鏡柱）の後方にそれぞれ控柱を建てているが、この控え柱には筋交いが入っている。いつの時点で付けられたのだろうか。2007年3月の地震時の写真でもこの筋交いはあり、これがこの門を構造的に安定させた要因ではないだろうか。
　　　　　　　　　　　　　　　　　（近藤一郎）

境内から見た総門。門が傾き、控柱には筋交がつく。

2. 芳春院

倒壊した芳春院と転倒しなかった石碑

倒壊した浄水舎

門前の石灯籠はすべて倒壊している

敷地境界の石積は一部倒壊している

　前田利家公夫人お松の方が、總持寺に参詣の折に塔頭を建てることを懇願し、總持寺代官星野家館を移転してその場所に建立したが、明治31年（1898）の火災で焼失し現在の位置に再建された。

　参道の石畳は所々、敷石を外しており、露出する地盤のひび割れから、地震の激しさが想像できた。芳春院は、2007年3月地震での被害は軽微であったとのことであるが、今回は全壊している。屋根の形は残るが、下部は完全に圧壊している。屋根の小屋組みを見ると、小屋組みや梁部材はそれほど大きくはなかった。不思議なことに、門の前に建つ「芳春院の石碑」は転倒していない。境内では、場所により建物被害が異なっており、地盤変状も異なっている。総門からすぐの浄水舎は倒壊している。屋根を4本の柱で支える構造であるから不安定な形状である。基礎のボルトで柱に緊結されていたが大地震に対しては非力であった。

　この地域の地震震度は6.5であるが、境内付近に断層がある。また境内の北側を輪島に向かう八ケ川沿いの国道249号線が走る谷間は深く、半島成立時の地層の褶曲によってできたか、断層によって出来た地形ではないかと推測する。　　　　　　　　（近藤一郎）

3. 経蔵

　経蔵にほとんど被害は見られない。寺院建築は地震に強い。

経蔵の壁には多数のひび割れが認められる。地震時は大きく揺れたものと思われる。

経蔵の中に納められている八角輪転蔵も華奢な構造にもかかわらず無事な様子である。

（三島直人）

4．鐘楼

鐘楼にもほとんど被害は見られない。基壇の石が一つ外れて転がっているので、地盤が大きく揺れたことが分かる。上部の鐘部は四面に小舞下地のしっくい壁があり、下部は末広がり形状であることから安定した構造である。

（三島直人）

5．山門

梁間方向の柱間の菱格子が落ちている以外は大きな被害は見られない。柱の傾きはない。

菱格子が落ちている状況から、地震時には相当の変形があったものと思われる。

妻側の腰壁の部分。羽目板の仕組みがわかる。

（三島直人）

6. 閑月門

　前述の浄水舎は、基礎石に柱がボルト固定されていたので倒壊したが、石場建てである閑月門は柱が基礎石に固定されていないので、基礎石から柱は滑り落ちたが倒壊を免れている。門は傾いているが屋根はほぼ原形のままである。

　この場所は水路の脇であるので地盤は悪いと思われる。水路の石積擁壁の上部が一部崩壊していることから地震時の挙動は大きかったと推測する。

（近藤一郎）

総持寺　回廊
25　石川県輪島市門前町門前

傾斜　倒壊

- ●建物概要
  - 用途：廊下
  - 年代：2007年以降補強、再建
  - 構造：木造　伝統工法
  - 規模：平屋
- ●調査日
  - 2024年6月10日
- ●被害状況
  - 2007年に震度6強の地震で倒壊、損傷した部分を現行基準で再建や補強を行った部分が今回再び倒壊、崩壊した。
- ●倒壊・崩壊の要因
  - 伝統構造であることから再建時、補強のため梁柱仕口に粘性ダンパーを採用して、制震効果を期待したようである。また、基礎と土台はアンカーボルトで緊結されている。
  - 倒壊を免れた部分は粘性ダンパーの採用はなく、土台と基礎との緊結はない。

写真①　剛性の小さい接合部に粘性ダンパーを設置したが制震効果が発揮できなかった。

写真②　基礎と土台を緊結したが柱脚に接合金物がなく、ホゾが折れている。

（屋敷義久）

S造園用品店
26　石川県輪島市 長井町159

倒壊

- ●建物概要
  - 用途：店舗・住宅
  - 年代：昭和40年代、50年代
  - 構造：LS造、S造
  - 規模：3階建て
  - 形状：軽量鉄骨造2階建てに鉄骨造3階建てを増築
- ●被害状況
  - 昭和40年代築と思われる軽量鉄骨造2階建てが落階したが、昭和50年代築と思われる鉄骨造3階建ては、外見では著しい損傷は認められない。
- ●調査日
  - 2024年6月10日
- ●倒壊・崩壊の要因
  - 軽量鉄骨部分は増築前、店舗としていたようである。
  - 1フレームの妻ブレースなし。柱、梁仕口の剛性不足と相まって、部材の劣化などが倒壊の要因と思われる。

写真①　重量鉄骨造の増築部と倒壊した軽量鉄骨造の既存部

写真②　倒壊した既存部分の軽量鉄骨造

（屋敷義久）

M化粧品店
石川県輪島市河井町　朝市通り

大　破

●建物概要
用途：店舗併用住宅
年代：昭和50年代
構造：木造（在来）
規模：2階建て
形状：並列増築、2階梁がLSラチス梁

●被害状況
店舗側柱がLSラチス梁の下で折れて、シャッターと共に外れている。
妻側の外壁モルタルが剥落しており、柱梁仕口部に変形のダメージがあると思われる。

●倒壊・崩壊の要因
1階店舗に耐力要素が少なく、土台や柱の劣化が激しい。

●調査日
2024年6月10日

写真①　建物変形および外壁モルタルの剥落

写真②　土台、柱の損傷および劣化

（屋敷和也）

S漆器店
石川県輪島市河井町　朝市通り

大　破

●建物概要
用途：店舗
年代：昭和40年代以前
構造：木造（在来）
規模：2階建て
形状：1階店先全開口　耐震補強あり

●被害状況
1階の店先全開口に袖壁を付けて耐震補強をしているが、袖壁が元の柱と共に崩壊している。

●倒壊・崩壊の要因
耐震補強により、柱に引抜力が起こるが、引抜金物が設置されていない。また、筋交いにも接合金物が設置されていない。

●調査日
2024年6月10日

写真①　袖壁耐震補強の損傷

写真②　補強壁に接合金物なく損傷

（屋敷和也）

Wレストラン

[29] 石川県輪島市河井町　朝市通り

大　破

- ●建物概要
  - 用途：レストラン
  - 年代：昭和50年代
  - 構造：S造
  - 規模：4階建て
  - 形状：整形
- ●被害状況
  - 上部建物には目立った損傷はないが、建物が3度程度不同沈下により傾斜している。
- ●倒壊・崩壊の要因
  - 長く激しい揺れで、軟弱地盤が塑性化したものと思われる。
- ●調査日
  - 2024年6月10日

写真①　建物不同沈下

写真②　液状化で一部噴砂

（屋敷義久）

M洋品店

[30] 石川県輪島市河井町　木下小路

大　破

- ●建物概要
  - 用途：店舗
  - 年代：昭和50年代
  - 構造：S造
  - 規模：5階建て
  - 形状：整形
- ●被害状況
  - 上部建物には目立った損傷はないが、建物が3度程度不同沈下により傾斜している。
- ●倒壊・崩壊の要因
  - 長く激しい揺れで、軟弱地盤が塑性化したものと思われる。
- ●調査日
  - 2024年6月10日

写真①　建物不同沈下

写真②　奥方向へ沈下

（屋敷義久）

Hカラオケ店
石川県輪島市門前町門前

中破

- ●建物概要
  - 用途：カラオケハウス
  - 年代：昭和50年代
  - 構造：木造（在来）
  - 規模：2階建て
  - 形状：整形
- ●調査日　2024年6月10日
- ●被害状況
  筋交いが外れ、柱の基礎がずれて梁が下がっている。
  外壁には目立った損傷は見られない。
- ●倒壊・崩壊の要因
  筋交い接合ボルトや、柱引抜き金物が設置されていない。
  従って釘、かすがい以外の金物は皆無と思われる。
  17年前に門前町を震度6強の地震が襲った時、明治時代築のそば店が正角筋交い補強を行っていたため倒壊を免れたこともあり、正角筋交いの建物を見かける。

写真①　正角筋交が外れる

写真②　接合金物が無い

（屋敷和也）

黒島角海家住宅（国指定重要文化財）
石川県輪島市門前町黒島町ロ-94

崩壊・大破

- ●建物概要
  - 用途：廻船問屋住宅
  - 年代：2011年耐震補強、保存修理
  - 構造：木造伝統工法
  - 規模：平屋
  - 形状：多用途で複雑
- ●調査日　2024年6月10日
- ●被害状況
  2007年の震度6強の地震で大きな被害を受けた後、4年をかけ耐震補強を含め保存修理工事が行われ、2011年に完了した。今回の地震では一部を残し、全壊した。また、付近の古い建物も多く損傷している。
- ●倒壊・崩壊の要因
  13年前は伝統工法であることと重要文化財であることから、耐震補強は貫構造土壁の耐力要素の追加を行ったようである。梁柱は現代風の仕口であるが、接合金物は採用されていない。また、土台は基礎にアンカーボルトが緊結されている。海岸線は3m程隆起している。

写真①　現代風仕口に接合金物無しで崩壊

写真②　貫構造土壁

（屋敷和也）

河井町－木造①
石川県輪島市河井町

●建物概要	●被害状況
用途：住宅	1階の道路面が傾斜し、外壁が両方向と
構造：木造	も剥がれている。下屋の傾斜が大きい。
規模：地上2階	
竣工：不明	●調査日
形状：整形、下屋あり	2024年4月1日

中破

　木摺下地モルタル塗りの2階建て住宅である。1階の道路面の傾斜は道路と平行方向に2/20程度傾斜しているが、下屋の傾斜はもっと大きい。1階の外壁は間口方向、奥行方向ともモルタルが剥がれ落ちている。

　2階は一部外壁のモルタルが剥がれている程度で傾斜も無く、ほぼ無被害であったと思われる。1階道路面の外壁には90cmの壁があり、筋交いも見られるが、金物は不明である。

　道路面と反対側の奥の外壁は隣家と近接している為、開口部は少なく壁量も多かったと思われ、捻じれが生じたと推定する。下屋先端の間口方向は全開口であった為に大きく傾斜してしまっている。2階は壁量も多く変形が抑えられたと思われる。

（鈴木昭夫）

写真1　地震前　Googleより

写真2　地震前　Googleより　右側は隣家と接近

写真3
1階が傾斜している。
1階外壁のモルタルが剥がれ落ちている。
2階はほぼ無被害。

河井町-木造②
石川県輪島市河井町

●建物概要
用途：不明
構造：木造
規模：地上3階
竣工：不明
形状：整形

●被害状況
2階、3階が崩壊。
1階は形が残っている。

●調査日
2024年4月1日

大破

　用途は不明であるが、木造3階建ての建物である。1階の構造骨組みは崩壊していないが、2階、3階が崩壊し1階の上部に崩れ落ちている。基礎は損傷なく健全と見られる。

　ガレキの様子から倉庫として使用していた可能性がある。3階建て故に構造計算がされた建物であったとすると、設計荷重とは違う用途として使用していたか、設計通りに接合金物などが施工されていなかったか、あるいは3階が増築であって、適切な設計がされていなかったか、崩壊の要因は不透明である。

　1階は十分な壁量で、配置も適切、接合金物も適切に施工されていた可能性があり、崩壊を免れたと推定する。

（鈴木昭夫）

写真1　地震前　Googleより　3階は道路斜線にかかりそう。

写真2　2階、3階が崩壊、1階は形が残っている。崩壊により道路を塞いでいる。

河井町－木造③
石川県輪島市河井町

倒　壊

●建物概要
用途：工場
構造：木造
規模：地上2階
竣工：旧耐震
形状：整形

●被害状況
一部2階の形がのこっているがほぼ全体的に崩壊。

●調査日
2024年4月1日

●備考
複数回の増築の痕跡あり。

　輪島塗り工場として使用されていた建物である。2階の一部は形が残っているが、大部分は崩壊している。
　増築が繰り返されたと思われるが、接合部が引き剥がされている。それぞれの建物の剛性の違いで揺れが異なり、分離してしまったと推定する。建築年はかなり古いと思われるが、土台の腐食も進んでいて1階柱と土台の仕口が崩壊し、倒壊の要因の一つになったと推定される。
　また、工場であったことから、平面的に大部屋であったと思われ、内部の壁量も不足していたことも1階崩壊の要因と考えられる。

（鈴木昭夫）

写真1　地震前　Googleより

写真2　2階はかろうじて形が残っている

写真3　増築接合部が引き剥がされている

写真4　道路から奥の方は2階も崩壊

河井町－木造④
石川県輪島市河井町

倒 壊

- ●建物概要
  - 用途：住宅
  - 構造：木造
  - 規模：地上2階
  - 竣工：不明
  - 形状：不整形、下屋あり
- ●被害状況
  - 古い方の建物が崩壊。増築建物は1階が崩壊し、2階は形は残っているが道路側に傾斜。
- ●調査日
  - 2024年4月1日
- ●備考
  - 増築されたと思われる。

　下屋がある古い建物に増築建物が一体となっている。古い方の建物は増築建物から引き剥がされて1階、2階とも崩壊している。古い方の建物の道路に面した下屋の先端は全面開口で、下屋の付け根の2階外壁直下の1階は紙障子等の開口部で耐力壁も無かったと推定され、捻じれ崩壊を生じたと考えられる。

　増築建物も道路に面した1階は全面開口となっており、壁配置のバランスが悪く、古い方の建物と同様に捻じれ崩壊したと推定される。

　隣家との離隔距離があまりない土地柄、道路側の面に大きな開口を設けたくなる事情は理解できるが、命を守るためにも必要な耐震対策が重要である。

（鈴木昭夫）

写真1　地震前　Googleより

写真2　地震前　Googleより

写真3
古い方の建物が増築建物から引き剥がされ、1階、2階とも崩壊している。
増築建物も1階は崩壊しているが2階は傾斜はあるが形は残っている。

河井町-木造⑤

石川県輪島市河井町

37

無被害

●建物概要
用途：倉庫
構造：木造
規模：地上1階
竣工：新耐震
形状：整形

●被害状況
無被害

●調査日
2024年4月1日

●備考
「危険」の張り紙

建物は2018年撮影のグーグル写真には存在していない故に新耐震建物であり、無被害と思われる。近接の建物は本建物に寄りかかるような状態で傾斜している為、「危険」の応急判定張り紙がされている。

張り紙をよく見ると、1月12日の日付が記されている。地震発生が1月1日であったので、危険判定まで11日要したことになる。応急判定員数にもよるが、「危険」の判定は地震発生からなるべく早く行える体制づくりが望まれる。密集地域では個別の耐震化だけでは安心できず、地域ぐるみの耐震化が望まれる。

（鈴木昭夫）

写真1　地震前　Googleより

写真2　隣の建物が傾斜して寄りかかっている

写真3　判定日は1月12日

河井町－木造⑥

石川県輪島市河井町

38

小　破

●建物概要
　用途：住宅
　構造：木造
　規模：地上2階
　竣工：不明
　形状：整形、下屋あり

●被害状況
　1階がやや傾斜。
　1階外壁の一部モルタル塗りが剥がれ落ちている。

●調査日
　2024年4月1日

　外壁が木摺下地モルタル塗りの住宅である。1階がやや傾斜しているが、構造体はしっかり残っている。道路に面した下屋先端に90cmの壁があり、筋交いも見られる。筋交いの大きさは不明であるが金物接合されている。

　1階がやや耐力不足であるが、サッシ窓両側の壁が効果し、わずかな傾斜と、外壁の剥がれ程度ですんでいる。改修すれば住み続けられると思われる。

（鈴木昭夫）

写真1　地震前　Googleより

写真2　1階下屋部分が僅かに傾斜し、外壁モルタルが剥がれている。

写真3　筋交いは金物接合となっている（釘止め）。引き抜き防止金物は確認できなかった。

河井町-木造⑦ (No.16 WI店舗と同一建物)
石川県輪島市河井町

倒 壊

●建物概要
用途：店舗
構造：木造
規模：地上2階
竣工：不明
形状：整形、下屋あり

●被害状況
1階が崩壊、2階は一部崩壊しているが
傾斜有るも形は残っている

●調査日
2024年4月1日

　輪島塗の店舗である。1階が崩壊し、2階は一部が崩壊しているが、形は概ね残っている。電柱が倒れ、2階屋根に突き刺さっている。1階の道路に面した外壁はほぼ全開口となっており、内部も店舗の用途上平面的に大部屋となっていたと思われ、全体的な耐力壁不足と壁配置のバランスが悪く、捻じれも伴って崩壊したと推定される。

（鈴木昭夫）

写真1　地震前　Googleより

写真2　地震前　Googleより

写真3　1階が崩壊している。

写真4　2階の一部が崩壊している。
電柱が倒れて突き刺さっている。

河井町-木造⑧

40 石川県輪島市河井町

中破

- ●建物概要
  - 用途：住宅
  - 構造：木造
  - 規模：地上2階
  - 竣工：不明
  - 形状：整形
- ●被害状況
  - 1階が傾斜。
  - 1階道路面の外壁、建具が崩壊。内部の損傷も大。
- ●調査日
  - 2024年4月1日

1階外壁が下見板張りの住宅である。1階が傾斜し、道路に面した外壁、建具が損傷している。道路面は90cmに満たない壁が1枚有るのみで、開口過多になっていたのに対し、奥の方は隣家と近接している為に開口部が少なかったと思われ、道路面に捻じれによる変形が生じ、外壁、建具が損傷したと思われる。外見上は被害程度が軽そうに見えるが、内部の損傷は甚大になっている。

倒壊を免れたのは1階の道路面以外の間口方向の耐力壁がある程度有った可能性があり、また、1階柱の土台との仕口の強度が高かった為と考えられる。

2階は壁がバランス良く配置されていた為に、変形が抑えられ、ほぼ無被害で済んだと推定する。

（鈴木昭夫）

写真1　地震前　Googleより

写真2　1階の外壁、建具が損傷。

写真3　1階内部　柱が傾斜している。

河井町－木造⑨
石川県輪島市河井町

中 破

● 建物概要
用途：住宅
構造：木造
規模：地上2階
竣工：不明
形状：整形

● 被害状況
1階が傾斜。
基礎が損傷し、土台が外れている。

● 調査日
2024年4月1日

● 備考
両隣の建物との離隔距離は10cm程度

　外壁が下見板張りの住宅であるが、下見板の内側が土壁の可能性が高い。1階が道路と直行方向に道路側に3/20程度傾斜している。

　道路から見て右隣家側の基礎がアンカーボルト箇所で割れていて、土台が外れている。土台、柱脚の腐食がかなり進行している。これは、隣家と接しているに近い状態の為、通風が悪く、湿気が常態化していた為と、分布上ヤマトシロアリと思えるが、食害を受けていた可能性もある。

　柱脚のほぞも損傷していて倒壊しても不思議ではない状態である。倒壊を免れた要因解明には詳細調査が必要である。

（鈴木昭夫）

写真1　地震前　Googleより

写真2　1階が道路側に傾斜している

写真3　基礎が割れ、土台が外れている
　　　 柱脚、土台の腐食が進行している

河井町－木造⑩
石川県輪島市河井町

中破

- ●建物概要
  - 用途：住宅
  - 構造：木造
  - 規模：地上2階
  - 竣工：不明
  - 形状：整形、下屋あり
- ●被害状況
  - 1階が傾斜。
- ●調査日
  - 2024年4月1日

　外壁が板張りの住宅である。外壁や破風の塗装の劣化が進んでいて、雨水の浸入など構造躯体への影響もあったとも思える状態の建物である。1階が間口方向に2/20程度傾斜している。下屋部分はそれ以上の傾斜となっている。

　1階が崩壊しなかったのは、両サイドにある50cm程度の壁が結構効果し、柱と土台の仕口も脆弱ではなかった為と考えられる。

（鈴木昭夫）

写真1　地震前　Googleより

写真2　1階が傾斜している。

写真3　付近の井戸　使われているかは不明。

写真4　付近の電柱が損傷している。

河井町－木造⑪
石川県輪島市河井町

倒　壊

- ●建物概要
  - 用途：住宅
  - 構造：木造
  - 規模：地上2階
  - 竣工：不明
  - 形状：整形
- ●被害状況
  - 既存と増築の接続面が崩壊し、既存側が大きく傾斜。
- ●調査日
  - 2024年4月1日
- ●備考
  - 増築があったと思われる。

　外壁が下見板張りの建物であるが、損傷した外壁を覗いた限りでは土塗り壁ではなかった。広い道路から見て右側の建物は増築で、既存と一体になっていたと思われる。

　既存と増築部の接合箇所あたりの損傷が大きく、増築側の外壁が剥がれ落ちている。これは、剛性の違いによって揺れが異なり、崩壊したものと判断される。また既存側は大きく傾斜しているが、2階の形は残っている。

　既存の路地側の面の1階は開口過多で、間口方向の耐力壁不足と、捻じれにより大きく傾斜したものと推定される。増築側の建物は外観上は壁量もある程度有ったように思われるが、既存と共に傾斜し損傷している。崩壊の要因解明には詳細調査が必要である。

（鈴木昭夫）

写真1　地震前　Googleより

写真2　地震前　Googleより

写真3　広い道路側に大きく傾斜している。

写真4　増築との接合部分が崩壊。

河井町－木造⑫
石川県輪島市河井町

倒 壊

●建物概要
 用途：店舗併用住宅
 構造：木造
 規模：地上2階
 竣工：不明
 形状：整形

●被害状況
 1階が崩壊し、2階は形が残ったまま移動しズレ落ちている。

●調査日
 2024年4月1日

●備考
 隣家と近接。

　建物は入母屋の状態から新しくはなく、1階店舗と2階外壁をリフォームしたと思われる。1階が崩壊し、2階は形が残ったまま移動し、ズレ落ちて電柱に寄りかかったようになっている。店舗正面と反対側は隣家とは一体と見らにれるほど近接していることから開口は小さかったと思われる。一方、正面道路側の1階には90cm程度の壁が両端に配置されている故に捻じれは生じにくいと思われるが、壁耐力が低く捻じれを防げなくて崩壊したものと推定される。更に、店舗の用途上、内部の壁量も不足していたと思われ、崩壊の要因の一つであったと考えられる。

（鈴木昭夫）

写真1　地震前　Google より

写真2　地震前　Google より
　　　隣家と近接している。

写真3　1階が崩壊し、自動車を押しつぶしている

写真4　付近一帯の被害は甚大。
　　　崩壊した建物が道路を塞いでいる。
　　　液状化の痕跡はない。

河井町－木造⑬

石川県輪島市河井町

倒 壊

●建物概要
 用途：店舗併用住宅
 構造：木造
 規模：地上2階
 竣工：不明
 形状：整形

●被害状況
 1階が崩壊し、2階は道路にズレ落ちている。
 道路向かいの建物は倒壊。

●調査日
 2024年4月1日

　1階が店舗、2階が住宅となっている。1階が崩壊し、2階が道路側にズレ落ちている。道路に面した1階は全面開口で壁が無く、一方、反対側は隣家が近接している為に開口は小さく壁量が多かったと思われ、捻じれが生じて1階が崩壊したと推定される。

　2階は壁量も多くバランスも適切であり、柱と横架材の仕口もしっかりしていたと思われ、変形が抑えられ形が残ったと考えられる。建物が道路側に倒れているため、避難への支障が生じたと思われる。付近一帯の被害は甚大である。

（鈴木昭夫）

写真1　地震前　Googleより

写真2　地震前　Googleより
　　　丸印は当該建物　道路向かい側建物は倒壊。

写真3　1階が崩壊し2階は道路にズレ落ちている。

写真4
道路向かい側の建物は倒壊している。
駐車場の自動車が押しつぶされている。

59

| 46 | # 河井町－木造⑭
石川県輪島市河井町 | | 倒　壊 |

●建物概要
　用途：住宅
　構造：木造
　規模：地上2階
　竣工：不明
　形状：整形

●被害状況
　1階が崩壊し、2階は形が残っている。

●調査日
　2024年4月1日

●備考
　付近一帯の被害は甚大。

　外壁がモルタル塗りの整形な建物である。1階が崩壊しているが、2階の構造躯体は無被害に近い状態で地面と平行に移動し、つぶれた1階に乗っている。

　1階に車庫が取り込まれているが、直上の2階部分に捻じれが生じて2階の外壁が損傷している。車庫の取り込みの影響は多少あるにしても、1階、2階とも壁量はある程度有り、バランス的にも特に問題ないと考えられることから、1階崩壊の要因は分かりにくい。柱と横架材の接合が脆弱であったか、土台、柱脚が腐食の可能性もあるが、隣家との衝突が要因であった可能性も否定できない。

（鈴木昭夫）

写真1　地震前　Googleより

写真2　地震前　Googleより　駐車場側

写真3　1階が崩壊し、2階が移動している。

写真4　車庫直上の2階がやや捻じれている。

1階車庫

河井町－木造⑮
石川県輪島市河井町

倒 壊

●建物概要
　用途：住宅
　構造：木造
　規模：地上２階
　竣工：不明
　形状：不整形

●被害状況
　１階が崩壊。

●調査日
　2024年4月1日

●備考
　長屋状密集地域

　付近一帯がほぼ接している状態の密集街区の中の住宅である。１階が崩壊しているが、２階は形が残ったまま道路から見て左方向に移動している。左隣の建物に衝突した可能性がある。右隣の建物は崩壊していないところを見ると右隣の建物がこちらの建物に衝突した可能性は低いと思われる。

　１階の道路面には約90㎝の壁が１枚有るが、全体的に間口方向の壁量不足であった為に１階が崩壊したと推定される。

　２階はある程度の壁量が有ったたことと、柱と横架材の仕口の強度もあったと思われ、変形が抑えられたと考えられる。

（鈴木昭夫）

写真1　地震前　Googleより

写真2　１階が崩壊し、２階が左方向に移動している。右側の１階外壁がめくり上がっている。

| 48 | # 河井町－木造⑯
石川県輪島市河井町 | | 中 破 |

●建物概要
 用途：住宅
 構造：木造
 規模：地上2階
 竣工：不明
 形状：整形

●被害状況
 玄関周り、外壁が損傷。

●調査日
 2024年4月1日

●備考
 隣家と近接。

　道路から見て左隣の建物とはほぼ接している状態での2階建て住宅である。左隣の建物は1階が崩落している。また、右隣の建物も1階が崩壊しているが、当該建物は、一部構造躯体、および、外壁の被害はあったものの、改修すれば済み続けられる程度の被害ですんでいる。右側奥の外壁の損傷程度が大きいが、右隣の建物が地震時に衝突した影響と思われる。また、玄関脇の角柱が折れているが、右隣の建物との間に設置された門扉のまぐさが両側の建物と接合されていた為に、右隣の建物におされて損傷した可能性がある。

　当該建物の道路面1階の壁量は十分とは言えないが、崩壊、傾斜を免れたのは内部の間口方向の壁量がある程度有り、横架材と柱の接合の状態も良かったと推定される。

（鈴木昭夫）

写真1　左隣家と近接、門扉まぐさは右隣家と接合

写真2　木造密集街区となっている。
　　　相互に地震時の衝突があったと思われる

写真3
右側の外壁が損傷している。
玄関脇の角柱が折れている。

河井町-木造⑰
石川県輪島市河井町

倒 壊

- ●建物概要
  - 用途：住宅
  - 構造：木造
  - 規模：地上2階
  - 竣工：不明
  - 形状：不整形
- ●被害状況
  - 1階が崩壊。2階は形が残って移動しずり落ちている。
- ●調査日
  - 2024年4月1日
- ●備考
  - 増築の可能性あり。

　外壁が板張りの2階建て住宅である。**写真2**からは、1階で接続されていると推定される2階建ての別棟が確認できるが、どちらが増築されたか、もしくは同時に建築されたかは不明である。

　1階が崩壊し、2階は形が残ったまま道路から見て右方向に地面に対し平行移動し、右隣の建物を押しつぶした状態になっているが、右隣の建物が先に倒壊した可能性もある。道路に面した1階は90cm程度の壁が1枚有るが、壁の耐力は低かった可能性がある。

　また、1階の採光、通風は道路側からしか取れないことを考えれば平面構成上内部の間口方向の壁量は不十分であったと思われ、1階が崩壊したと推定される。

　2階は壁量、壁配置とも概ね適切であった為に変形が抑えられたと推定され、実物大実験でも2階の変形が抑えられた場合は、2階が傾斜せずに地面と平行に移動してずり落ちることが報告されている。

（鈴木昭夫）

写真1 地震前 Googleより

写真2 地震前 Googleより
奥に別棟が1階で接続している

写真3 1階が崩壊し2階は右方向に移動している

写真4 手前の隣家は倒壊している

河井町－木造⑱
石川県輪島市河井町

倒壊

- ●建物概要
  - 用途：住宅
  - 構造：木造
  - 規模：地上１階
  - 竣工：不明（相当に古い）
  - 形状：整形、下屋あり
- ●被害状況
  - 倒壊。
- ●調査日
  - 2024年4月1日
- ●備考
  - 空き家と思われる。

　平屋の建物であるが、2014年のGoogle写真２でも住まわれている形跡は見えず、10年以上空き家状態であったと思われる。倒壊しているが、隣家の崩壊で押しつぶされたか、その前に倒壊したかは不明である。

　屋根、外壁など建物全体の劣化が進んでいる状態で、雨漏りによる構造躯体の劣化も進んでいたと思われる。とりわけ、土台、柱脚の腐食がひどく、倒壊の大きな要因であったと推定される。

（鈴木昭夫）

写真１　地震前　Google より

写真２　地震前　Google より　劣化が進行している

写真２　◯箇所が当該
建物が有った場所。手前の建物も倒壊しガレキの撤去作業中。

河井町－木造⑲

石川県輪島市河井町

倒　壊

- ●建物概要
  - 用途：不明
  - 構造：木造
  - 規模：地上２階
  - 竣工：不明
  - 形状：不整形
- ●被害状況
  - 倒壊
- ●調査日
  - 2024年4月1日
- ●備考
  - ガレキを撤去中。

　用途不明であるが、２階建て部分と、平屋部分が一体となっていた建物である。

　２階建て部分の１階には車庫が取り込まれている。全体が倒壊し、4月の時点ではガレキを撤去中であった。

　外壁は下見板張りで、建築時期はかなり古そうに見えることから土塗り壁工法であった可能性が高い。

　外見上は全体的に壁量もある程度有り、倒壊までは至らなさそうであるが、外壁の土壁塗りの返し塗はされていない場合が多く、内壁も天井止まりの場合が多く、全体的な耐力不足と、柱と横架材の仕口が脆弱であったと思われ、倒壊に至ったと推定される。更に、平屋部分の土台、柱脚の腐食も倒壊の要因であったと推定する。

（鈴木昭夫）

写真1　地震前　Googleより

写真2　地震前　Googleより　平屋の土台が腐食

写真3　◯箇所が当該建物があった場所。倒壊し、ガレキを撤去中。

河井町－木造⑳
石川県輪島市河井町

無被害

- ●建物概要
  - 用途：店舗併用住宅
  - 構造：木造（1階は不明）
  - 竣工：新耐震（推定）
  - 形状：整形
- ●被害状況
  - 無被害
- ●調査日
  - 2024年4月1日

　新耐震建物と推定され、2000年6月以降の建築の可能性が高いと思われる。2階は木造と考えられるが、1階の道路に面した部分は全面開口となっており、木造軸組み工法であったならば今回の地震で無被害で済んだ可能性は極めて低い。1階は、木造であるならば、道路に面した軸に近い奥の位置に耐力壁が設置されていたか、もしくはラーメン構造になっていた可能性がある。あるいは鉄骨、もしくはRCラーメン構造の可能性も否定できない。1階と2階の接合金物も適切であったと推定する。

（鈴木昭夫）

写真1　1階道路面は壁が無い。

河井町ー木造㉑
石川県輪島市河井町

大 破

●建物概要
用途：住宅
構造：木造
規模：地上2階
竣工：不明
形状：不整形

●被害状況
2階の大部分が崩壊。

●調査日
2024年4月1日

　雁行した不整形な建物である。1階は形が残っているが、2階の大部分が崩壊している特異なケースである。1階は壁量も十分あるように思われ崩壊には至らなかったのは理解できるし、2階も壁量としては不足しているとも思えない。

　2階の雁行部分は増築された可能性が考えられ、2階床梁と2階柱の接合が脆弱だった為に、2階の増築と思われる部分の変形が抑えられず、傾斜して柱が2階床梁から外れ落ちたと推定される。2階を増築する場合は1階との接合に十分な強度のある接合金物を用いる必要がある。

（鈴木昭夫）

写真1　地震前　Googleより
　　　　◯箇所は増築と思われる。

写真2　2階の雁行部分が崩壊している。
　　　　ブロック塀は1.6mほどの高さであるが倒壊していない。
　　　　道路の状況から液状化の痕跡はない。
　　　　◯の建物は1階道路面に十分な壁が有り、外壁仕上材の損傷で済んでいる。

河井町−木造㉒
石川県輪島市河井町

●建物概要
用途：事務所
構造：木造
竣工：旧耐震（推定）
構造：木造
形状：整形（増築あり）

●被害状況
無被害

●調査日
2024年4月1日

無被害

　外壁が下見板張りの整形な建物であるが、右側に鉄筋コンクリート造が増築されている。

　設計事務所の看板が見られ、事務所用途と思われる。土壁塗りの可能性が高いが、全体的に壁量も多く、バランスも良さそうに見られ、土壁も返し塗がされ、内壁も梁までされていた可能性があり、耐力は十分あったと推定される。また、柱と横架材の仕口の強度も十分にあったと思われるが、詳細調査が望まれる。鉄筋コンクリート造とのエキスパンションの詳細は不明である。

（鈴木昭夫）

写真1　右側に鉄筋コンクリート造が増築されている。

河井町－木造㉓
石川県輪島市河井町

傾　斜

● 建物概要
　用途：住宅
　構造：木造
　規模：地上2階
　竣工：不明
　形状：不整形

● 被害状況
　1階が傾斜。

● 調査日
　2024年4月1日

● 備考
　増築があったと思われる。

　道路に面した2階建て部分は整形であるが、増築と思われる奥の部分は不整形となっている。道路に面した2階建て部分の1階は間口方向に約3/20ほど傾斜していて、道路面のサッシが損傷している。道路に面した1階は間口長さの5/6が開口部となっており、壁量不足と捻じれも生じたと考えられ、傾斜の要因となったと推定される。

　倒壊まで至らなかったのは、1/6の壁が有る程度の耐力があった可能性があり、仕口材も崩壊に至るほど強度が低くは無かった為と考えられる。1階柱脚と土台との接合仕様が、命が守られるか否かの重要な分かれ目となる。

　2階は壁量も配置も適切であったと思われ、変形が抑えられたと推定される。

（鈴木昭夫）

写真1　地震前　Googleより

写真2　地震前　Googleより　　右寄りの部分は増築と思われる

写真3　1階が傾斜している。
　　　　左隣家は壁量、バランスも良く無被害。

河井町－木造㉔
石川県輪島市河井町

56

大　破

● 建物概要
用途：住宅
構造：木造
規模：地上２階
竣工：不明
形状：整形

● 被害状況
道路側の１階が傾斜。
奥の部分は１階、２階とも損傷大。

● 調査日
2024年４月１日

● 備考
道路寄りの部分は増築と思われる。

　道路から奥の方は既存で、２階建てが道路寄りに増築されたと思われる。既存と思われる部分は外壁が下見板張りで土壁の可能性もある。増築と思われる部分の１階の道路面は5/20ほど傾斜している。通し柱と思われる角柱が２階床梁位置で折れていて、土台からも外れている。

　２階は傾斜していないが、奥の古い方の部分は１階、２階とも傾斜し、損傷も大きい。増築と思われる部分の１階の傾斜は道路から見て右寄りが大きく、捻じれも見られるが、左寄りは傾斜は小さく、１階の崩壊を免れたと考えられる。これは、壁の耐力も一定程度あり、接合金物もビス止めなどで強度の十分あるものであったと推定され、また、木摺の効果も有る程度あったと思われる。奥の古い方は全体的に耐力壁量不足と、増築部分との剛性の違いなどの影響を受をけ、捻じれが生じたと考えられる。

（鈴木昭夫）

写真１　地震前　Googleより
　　　　道路寄りの部分は増築と思われる。
　　　　奥の古い方は下見板張り外壁で土壁の可能性がある。

写真２　増築と思われる道路寄りの部分に筋交いが見られるが、金物は確認できなかった。角柱が２階床梁位置で折れている。

河井町－木造㉕
石川県輪島市河井町

無被害

● 建物概要
用途：住宅
構造：木造
竣工：新耐震（推定）
形状：不整形

● 被害状況
無被害

● 調査日
2024年4月1日

　新耐震住宅と思われるが、軸組工法か枠組壁工法かは不明である。

　外見上は壁量も多く、配置も適切そうであり、各接合金物も現行基準でされたと思われる。外壁のひび割れも見当たらず、基礎も健全に見られる。

　唯一気になるのは、右側の建物が左方向に傾斜していることであるが、余震で倒れかかってきても外壁の損傷程度で済む可能性が高い。

　十分な壁量と偏芯を抑えた適切な配置、接合金物はN値計算等に基づいた適切な仕様とし、基礎も現行基準による鉄筋コンクリート造とすることが木造耐震建物の必須条件である。

（鈴木昭夫）

写真1　軸組工法か枠組壁工法かは不明。

河井町－木造㉖
石川県輪島市河井町

傾 斜

● 建物概要
用途：住宅
構造：木造
規模：地上3階
竣工：不明
形状：整形

● 被害状況
1階、2階が傾斜。

● 調査日
2024年4月1日

　木造3階建ての住宅である。1階と2階が奥行方向に2/20程度傾斜しているが、2階は1階と逆方向の傾斜となっている。1階の一部外壁の仕上材が剥がれ落ちているが、全体的には被害の度合いは低い。3階建て故に構造計算がされた建物と思われるが、3階建てにしては1階の間口方向の壁量が少なく感じる。

　1階、2階の傾斜は、以前の地震で多少のダメージを受けた影響の可能性もある。柱と横架材との接合金物や、筋交い金物が構造計算に基づく適切な仕様になっていたと思われ、このことが崩壊に至らなかった要因と推定される。

（鈴木昭夫）

写真1　地震前　Googleより
　　　　左側1階の壁量が少ない。

写真2　地震前　Googleより
　　　　奥行方向の壁量は多い。

写真3　1階と2階が傾斜している。

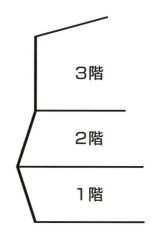

図1　1階と2階は傾斜方向が逆。

マリンパークのボートパーク
石川県輪島市河井町1

59

軽微

●建物概要
　用途：港湾施設
　年代：2010年
　構造：RC造

●被害概要
　陸地、海岸の隆起
　岸壁の遊歩道廻りでは部分的な陥没、不陸が発生

●調査日
　2024年4月1日

被害状況

　輪島マリンパーク観光交流施設は港に隣接する埋立地にある。みなとオアシス 輪島マリンタウンを形成する一角である。今回の地震の影響により、能登半島の北側は約90kmに渡って隆起したとされている。このポートパークの岸壁は約1.5m隆起した。岸壁であるので水面が下がっているのみで海岸線の変化はない。

　新設された港湾施設であるので喫水は深いと思われ、ここに係留するボートを海に浮かべるには恐らく支障はないと思われる。

　岸壁沿いの遊歩道は一部陥没箇所があり、陥没深さは最大約75cmでした。

　国土地理院の観測では、輪島市の西部の門前町 望月海岸では最大約4mの隆起、東部の珠洲市北部の長橋町付近の海岸では約2mの隆起と記録されている。

　地震後、約40秒で隆起し、その後津波が到来している事から、半島北側の海岸沿いでは津波被害は出ていないが、隆起により各港湾施設には甚大な被害が起きている。

隆起要因

　今回の地震の震源は能登半島北端であるが、震源断層は半島北側に沿って佐渡の方にまで至る複数の逆断層群の活動とされている。

　能登半島の北側沿岸は、海底の隆起と波の浸食によってできた「海岸段丘」があり、これは過去に能登半島が大地震で何回か隆起をくりかえしてきた証拠であると指摘されている。今回も同様の隆起が大規模にかつ、急激に起きている。

・4月1日の潮位は、満潮17：06，干潮1：20 であるので、13時半頃の潮位は1程度である。

（近藤一郎）

写真①　ボートを出し入れするスロープ

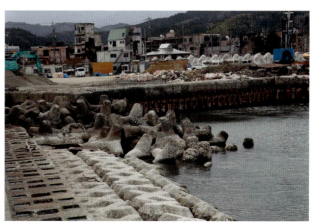
写真②　岸壁部

写真③　湾入口部の防波堤先端付近
この岸壁の白い旧喫水線を見ると、隆起は1m程度と思われる。

写真④　堤防と遊歩道階段部の陥没と変形

写真⑤　周辺航空写真（国土地理院　1月11日撮影）

写真⑥　戦前の地図と現在との比較（open-hinata から）
このマリンパークは、輪島港周辺を埋め立てて建設された。
旅客船岸壁の供用開始は 2015 年、観光交流施設を代表の施設とするが、隣接して緑地、駐車場、住民用地などを一体的に整備している。
全体面積 18.7ha

輪島　善龍寺

石川県輪島市河井町 1-9-1

倒　壊

● 建物概要
用途：寺院
年代：不明
構造：木造　伝統工法

● 被害状況

善龍寺は、真宗大谷派の寺院である。

同寺は2007年の能登半島大地震において被災しており、その後の復旧状況は不明である。

本堂は伝統工法による寺院建築である。

本堂の右側にある庫裏は在来工法による建築である。庫裏は倒壊している。

（三島直人）

1. 本堂

写真－①
輪島朝市の大火の被災地に接しているが火災被害は免れている。2007年の地震被害を受けている。柱の傾きは見られない。

写真-②
背後から見た写真を見ると、壁の傾きが大きく、中破又は大破と考えられる。本堂の左側にあったと思われる庫裏の建屋は倒壊して残骸となっている。また右側にあったと思われる下屋の増築も倒壊している。

写真-③
屋内は架構の傾きは見られない。床の剛性もしっかりしている。

2, 庫裏

写真-①
本堂の右側に庫裏の建屋が倒壊していた。コンクリート製の入口の階段が残っている。その他、基礎形状から在来工法によるものと思われる。

見附温泉N荘

石川県珠洲市宝立町鵜飼 1-30-1

軽　微

●建物概要
　構造：RC造　2階建て

●被害状況
能登半島地震による津波高さは、鵜飼漁港で2.7m、見附島講演で2.9mであった。のとじ荘は、その中間にあり2.8m程度であったと思われる。つまり1階の大半が冠水した。そのため、1階の開口部のガラスが失われている。しかし、壁には大きな損傷は見られない。2階は被害は及んでいない。
3か月後の4/1でも営業が行われていなかった。

●調査日
2024年4月2日

以下ホームペイジより

「2024年02月13日

令和6年能登半島地震につきまして現状のご報告

いつもN荘をご利用いただきましてありがとうございます。

1月1日の地震によりN荘は建物の被害のほか周辺のインフラ（水道・電気・電話・道路など）にも被害が発生しており休業させていただいております。

現在電話も不通でございますので、お客様からのご連絡につきましてはお手数ではございますがメールにてお願い致します。N荘は現在ネット接続が出来る環境がございませんので、返信には数日お時間をいただくことがございますので、ご了承くださいませ。

また営業再開も未定でございますので、大変申し訳ございませんが、現在頂いております

8月31日までのご予約につきましては全てキャンセルとさせていただきますので、ご了承くださいませ。」

（安達和男）

写真 - ②
1階の開口部は被害を受けている。

写真 - ③
建物周辺の地盤面に動いた跡が見える。

写真 - ①
テラスに面した大開口のガラスが割れている。上部はまだサッシュに割れたガラスが残っている。軒天井のダウンライトが無事に見える。津波が達していないと思われる。

見附島

62 石川県珠洲市宝立町鵜飼

地盤崩壊

- ●建物概要
  用途：小島
  規模：面積1,977.8㎡
- ●被害状況
  島の周囲の崖の崩壊
- ●調査日
  2024年4月2日

ひし形をした島の形が軍艦に似ていることから、軍艦島とも呼ばれている。高さ28m、周囲400m、全長158.5m、頂部の面積1,977.8㎡の小さな島である。能登半島国定公園内にあり、石川県の天然記念物に指定されている。新第三期中新世の珪藻泥岩からなるが、長年の風化・浸食により現在の形になっている。この珪藻泥岩は、能登半島北東域に広く分布している。

今回の地震（M7.6）により、島の一部が崩壊して、その景観が大きく失われてしまった。見付公園から見えない東南方向の崩壊が大きい。また、写真のように、北側の船首に相当する先端が左右に崩落してかつての姿は消えてしまった。

気象庁「津波に関する現地調査の結果について」報道発表（令和6年1月26日）によると、見附公園の津波高さは2.9m（痕跡高）である。この付近の海抜は1.3mで低地であるが、この付近の海岸には防潮堤はない。日本海側は潮の干満の差は非常に小さい。

写真-1、2
見附島の現状（干潮時には歩いて渡れるが地震により一部陥没している。）

写真-3
国土地理院航空写真（2024年1月5日撮影）航空写真から見ると見附島周辺の水深は浅い。

穏やかな砂浜の海岸から約150m離れた海中にそそり立っている。この孤立した島を「軍艦島」と名づけたのは、もっともな形である。見附島は海岸から離れた孤島であるが、半島側丘陵の珪藻泥岩と同じ地質であり、地層が褶曲したこの箇所の地層が固く、島として残ったと思われる。事実、この地層が出来た後に半島は隆起して海成段丘を各所につくっている。

この飯塚珪藻泥岩は、新第三紀中新世の水域に堆積して出来た堆積岩であり、能登丘陵を構成する主要な地層の一つで珠洲市域に広範囲に分布している。この地域では昔から広く利用されてきており、珪藻土を使ったこんろ、七輪をつくる地場産業が成り立っていた。現在は、その調湿性や断熱性から、建材だけでなく、濾過促進助材、固結防止剤、農業用材、品質改良材などの工業的利用が進んでおり、その応用範囲は広範囲である。

珪藻土は、藻類の一種である珪藻が石化したものである。単細胞植物性プランクトンである珪藻は、水中に溶存するシリカを特異的に取り込み、蓄えて多孔質の細胞壁をつくる。珪藻が大量に増殖、死滅、そして沈積し、長い年月を経てシリカ質の遺骸のみを残し、その堆積物として珪藻土が平成された。

輪島漆器の下塗材として江戸時代から伝統的に使われており、輪島塗では、珪藻土を粉にした「地の粉」

と生漆、米糊を混ぜて下地漆をつくり、生地に塗り込んでいる。珪藻土はガラス質でできており、非常に硬く、また微細な孔が数多くあいているのでそこに漆が入り込み、堅牢で断熱性に富んだ下地塗となる。輪島漆器は、珪藻土があったからこその高品質がある（輪島屋善仁のＨＰから）。

この地域で作られて来た能登瓦は珠洲瓦と呼ばれたが、瓦の原料となる粘土は珪藻土混じりであろうから、吸水性と断熱性を兼ね備えている。寒冷地であるので、吸水性をリカバリーするために釉を瓦の両面にドブ漬けとしたのではないかと推測する。

瓦は588年（古墳時代）に仏教の僧と共に渡来しているが、古代の瓦は、内部に多くの細孔があって湿度調節機能があったとのことである。但し、現代の瓦の粘土は真空土練機でつくられるので、強度は強いが、細孔が少なく調湿効果はない（古代日本の超技術　新装改訂版　志村忠夫著）。

（近藤一郎）

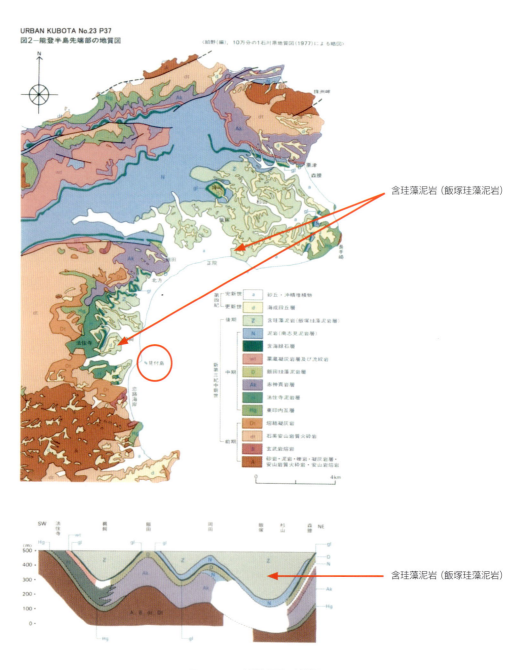

図-1、2　珠洲市周辺の地質図
（URBAN KUBOTA No.23 から転載）

宝立町－木造①
石川県珠洲市宝立町

大破

●建物概要
　用途：住宅
　構造：木造
　規模：地上２階
　竣工：不明
　形状：不整形、下屋あり

●被害状況
　１階が崩壊、２階は形が残っている。

●調査日
　2024年４月２日

　外壁が下見板張りの２階建て住宅である。１階は崩壊しているが、２階は開口部が損傷した程度で形がしっかり残っている。外壁に断熱材が見られることから、土塗り壁ではないと判断される。下屋の先端にはある程度壁があるが、下屋の付け根の２階外壁直下の１階には壁が無かったと思われ、なおかつ、下屋先端の壁に水平力が伝わりにくい構造であった為に下屋が崩壊したと推定される。

　２階はバランス良く壁が配置されていて変形を抑えられた為にほぼ無被害で、形が残ったと思はれる。２階外壁直下の１階には耐力壁の設置が望ましいが、平面構成上設置が難しい場合は下屋天井裏の剛性を高め、下屋の耐力壁に水平力が伝達し易くすることも必要である。

（鈴木昭夫）

写真１　地震前　Google より

写真２　地震後　2024年２月撮影　Google 写真

写真３　１階が崩壊。
　　　　２月には残っていた下屋の壁が４月には撤去、または崩壊している。

宝立町－木造②
石川県珠洲市宝立町

●建物概要
用途：消防車車庫
構造：木造
規模：地上2階
竣工：不明
形状：整形、下屋あり

●被害状況
土台は踏外され壁の1面が崩壊している。

●調査日
2024年4月2日

中　破

　消防車の車庫であるが、奥行方向の1辺の土台が基礎から踏外し、壁が崩壊している。また下屋の屋根が変形しているが、1階の道路に面した3本の柱は損傷していない。

　崩壊した壁の向かい側の壁は開口部が無く全面壁となっているが、崩壊した側の面は開口過多になっていた為に捻じれが生じアンカーボルトが引き抜かれ、土台が外れ落ちてしまったと推定される。

（鈴木昭夫）

写真1　地震前　Googleより

写真2　1階右側の壁の土台が外れている

写真3　崩壊したかべの向かい側　全面壁

写真4　アンカーボルトが引き抜かれている

宝立町－木造③
石川県珠洲市宝立町

65

倒　壊

●建物概要
　用途：店舗併用住宅
　構造：木造
　規模：地上2階
　竣工：不明
　形状：整形

●被害状況
　1階が崩壊しているが2階は形が残って
　いたが余震で2階の店舗上部部分は崩壊。

●調査日
　2024年4月2日

　店舗併用住宅で、1階が崩壊している。2階は2月撮影のグーグル写真では形は残っていたが、4月時点では道路側店舗直上の2階は崩壊している。これは1月1日の地震以後の余震で崩壊したものと思える。

　道路に面した1階はほぼ全面開口で、内部も店舗の用途上大部屋となっていて壁量は少なく、更に、道路から奥の方の部分とは、基礎が分断され、土台も繋がっていないことから、一体性が脆弱で、耐力不足と捻じれにより崩壊したと推定される。

（鈴木昭夫）

写真1　地震前　Googleより

写真2　2024年2月撮影 Google写真
　　　店舗直上の2階は残っている。

写真3　4月現地撮影
　　　店舗直上の2階が崩壊している

宝立町－木造④
石川県珠洲市宝立町

倒 壊

●建物概要
用途：店舗併用住宅
構造：木造
規模：地上2階
竣工：不明
形状：不整形　キャンティあり

●被害状況
1階が崩壊し、2階は捻じれて傾斜しているが形は残っている。

●調査日
2024年4月2日

●備考
複数回の増築の可能性あり。

　店舗併用住宅であり、間口に対して奥行の長い建物である。道路から奥の方の1階奥行方向の右側は壁が少なく、一方、左側は壁が多く捻じれが生じた可能性がある。また、道路面の2階は片持ちになっており、片持ち付け根の2階直下の1階は全面開口となっている。

　間口方向も耐力不足に加え捻じれも生じた可能性があり、1階崩壊の要因となったと推定される。2階の形が残っているのは、壁量もある程度有り、柱と横架材の仕口も脆弱ではなかったと思われる。

(鈴木昭夫)

写真1　地震前　大きなキャンティ　Googleより

写真2　地震前　長辺方向　Googleより
奥の方は開口過多になっている。

写真3　2024年2月撮影　Google 写真
2階が捻じれて傾斜している。

写真4　2024年4月現地撮影　1階が崩壊している。

宝立町－木造⑤
石川県珠洲市宝立町

大 破

●建物概要
用途：住宅
構造：木造
規模：地上2階
竣工：不明
形状：整形、下屋あり

●被害状況
2階が傾斜、1階は傾斜なし。

●調査日
2024年4月2日

　2階建ての住宅であるが、1階は傾斜していないにもかかわらず、2階が6/20程度傾斜している特異な現象である。

　(独)建築研究所による平成16年中越地震調査結果報告書では同じような現象が報告されているが、その場合は2階が極端な壁配置の平面構成になっていたが、当該建物の場合にはあてはまりそうにない。

　2階は増築の可能性があり、2階柱の柱脚と梁の接合が脆弱であった為に2階が傾斜してしまったと推定される。右隣の建物が地震時に当該建物の2階柱の柱脚部に衝突した可能性も否定できない。また、1階の道路面の壁量は少ないが無被害に近かったのも珍しい現象であるが、1枚の壁の耐力が相当に高く、接合も強固であったと思われる。

（鈴木昭夫）

写真1　2階の壁はバランスも悪くはなく壁量も適量と思われる。
　　　　1階の道路面は壁が1枚。

写真2　1階の傾斜はないが、2階は大きく傾斜している。
　　　　右隣の建物の2階は2月時点では形が残っていたが、4月の現地調査時では崩壊している。

宝立町－木造⑥
石川県珠洲市宝立町

倒 壊

●建物概要
用途：店舗併用住宅
構造：木造
規模：地上2階
竣工：不明
形状：整形

●被害状況
倒壊。

●調査日
2024年4月2日

　店舗併用と思われる住宅であるが倒壊に至っている。1階の道路側は180cm程度の壁が1枚有るが、2階の道路面はほぼ全開口で壁が無い。奥行方向は十分な壁量が確保されている。2階の間口方向の壁量不足と、捻じれも加わり、更に、2階柱の横架材との接合も脆弱であった可能性があり、2階が崩壊して1階を押しつぶして直下に落下した典型的な崩壊タイプと考えられる。2階柱と横架材の仕口が損傷を受けており、母屋つぎて部分が損傷し、束も外れている。

（鈴木昭夫）

写真1　地震前　Googleより

写真2　地震前　Googleより

写真3　倒壊している

写真4　柱と横架材の仕口が崩壊

写真5　母屋つぎてが崩壊、束も外れている

宝立町－木造⑦
石川県珠洲市宝立町

倒　壊

- ●建物概要
  - 用途：住宅
  - 構造：木造
  - 規模：地上2階
  - 竣工：不明
  - 形状：整形　キャンティあり
- ●被害状況
  - 1階が崩壊。
- ●調査日
  - 2024年4月2日
- ●備考
  - 隣家は倒壊。

　2階建て住宅であるが、新耐震もしくは新耐震に近い時期の建築と思われる。

　1階は車庫が取り込まれていて、道路面には90cmの壁が1枚有るが開口過多であり、また道路から奥の外壁は壁が多くなっている。奥行方向は壁量も十分確保されているが、1階 車庫出入り口に十分な耐力壁を設けられない場合は、1階を鉄骨ラーメン構造などとするのも一つの耐震化の方法である。

　2階の形が残ったのは、壁量が十分にあり、配置も適切で、2階柱と横架材の接合もしっかりしていた為と推定される。1階の間口方向は壁量不足に加え、バランスも悪く捻じれ崩壊に至ったと考えられる。

（鈴木昭夫）

写真1　地震前　Googleより
手前隣家は倒壊

写真2　地震前　Googleより

写真3　1階が崩壊　2階は形が残っている

写真4　周辺の状況
壁の多い建物は倒壊していない

正院町-木造①
石川県珠洲市正院町

倒壊

- ●建物概要
  - 用途：店舗併用住宅
  - 構造：木造
  - 規模：地上1階
  - 竣工：不明
- ●被害状況
  - 道路に面した部分の1階は崩壊したが2階は残形、奥の部分は損傷小。増築接合部は屋根、外壁とも損傷大。
- ●調査日
  - 2024年4月2日
- ●備考
  - 奥の部分は新耐震の可能性がある。

　1階は道路に面して店舗となっており、2階は住居となっている。奥に2階建てが増築されたと推定される。奥の増築と推定される部分は1階の外壁が損傷を受けているが、2階はほぼ無被害であったように見られ、新耐震建物の可能性がある。1階は増築と推定される部分を除き、下屋部分も含め全面的に崩壊している。古い方の店舗直上の2階は道路に面した部分と、道路から見て左側の部分は形がしっかり残っているが、全体的にやや右側に傾斜している。左側の1階の崩壊は右側に比べ、多少空間が出来たから浮いているように見える。

　道路から見て右側の部分の2階は傾斜し外壁及びサッシが損傷している。また、増築と推定される奥の部分との接合部の外壁、屋根は剛性の違いにより大きな損傷を受けている。

　店舗部分はコの字の下屋となっており、店舗の用途上下屋の付け根の2階直下には壁が無かったと推定され、2階の出隅柱直下の1階の柱に局所的に力がかかり、柱が損傷もしくは横架材との接合部が損傷し、崩壊に繋がった可能性がある。1階が店舗だったために、全体的に壁量が不足していたことも崩壊の要因の一つと推定される。

（鈴木昭夫）

写真1　東側地震前　Googleより

写真2　北側地震前　Googleより

写真3　東南面　2階出隅柱を下屋が取り巻いている

写真4　北面　右部分は増築と推定

正院町-木造②
石川県珠洲市正院町

軽微

●建物概要
 用途：住宅
 構造：木造
 規模：地上2階
 竣工：不明
 形状：不整形

●被害状況
 ベランダ直下の柱が傾斜。
 下屋の外壁にひび割れあり。
 損傷度は軽い。

●調査日
 2024年4月2日

●備考
 隣の建物と下屋を介し一体となっている。

　玄関が2か所有り、長屋または2世帯住宅と思われる。全体として被害程度は外観上は軽かったと見られるが、危険の張り紙が張られている。ベランダ先端直下の柱がやや傾斜している。

　このベランダ付け根の2階外壁直下の1階には筋かいが見られるが、端部が柱から剥がれていて十分に踏ん張れなかった為に柱の傾斜を起こしたものと推定される。

　下屋部分の外壁が損傷しているが、下屋の付け根の1階に壁がなかったと思われ、本体との剛性の違いで下屋部分が傾斜したと推定される。

（鈴木昭夫）

写真1　地震前　Googleより

写真2　ベランダ先端直下の柱が傾斜している

写真3　筋交い端部が柱から剥がれている

写真4
下屋が本体から剥がれている。
開口部の両側に筋交い付きの
壁が有った為に崩壊は免れた。

正院町-木造③
石川県珠洲市正院町

倒　壊

●建物概要
　用途：不明（1階車庫）
　構造：木造
　規模：地上2階
　竣工：不明
　形状：整形、下屋あり

●被害状況
　1階が崩壊し、2階は形が残ったままずり落ちている。

●調査日
　2024年4月2日

●備考
　隣の建物と下屋を介し一体となっている。

　1階は車庫で2階は用途不明な4面板張りの建物である。1階が下屋とも崩壊し、2階は形が残ったまま移動してずり落ちている。下屋部分は1階の崩壊により引っ張られて隣の建物から引き剥がされて崩壊している。1階車庫の道路面は片側に壁があるものの開口部が大きく、また、道路と反対側は隣の建物と近接している為に開口は有っても小さく、壁量が多かったと推定され、壁配置のバランスが悪く捻じれを生じたことが1階崩壊の要因と考えられる。

　車庫出入口に耐力壁が十分に設けられない場合は1階を鉄骨ラーメン構造とするのも耐震化の一つの方法と考えられる。2階は傾斜しているものの、形がしっかり残っていたのは、壁がバランスよく配置されていて大きな変形が抑えられ、柱と横架材の接合が損傷されなかった為と推定される。

（鈴木昭夫）

写真1　道路側地震前　Googleより　　下屋

写真2　南西側地震前　Googleより

写真3　東南側　2階は形が残っている

写真4　下屋部分　隣の建物から引き剥がされている

正院町−木造④
石川県珠洲市正院町

中 破

● 建物概要
用途：店舗併用住宅
構造：木造　一部鉄骨梁
規模：地上2階
竣工：不明
形状：整形、下屋あり

● 被害状況
下屋が崩壊しているが、母屋の構造体は残っている。
外壁の仕上材が剥がれている。

● 調査日
2024年4月2日

● 備考
下屋部分は増築と思われる。

　1階店舗、2階住宅で下屋付きの建物である。下屋部分は崩壊しているが、本体は外壁が剥がれているものの構造体は無被害のように見受けられる。下屋部分には鉄骨梁が使用されており、大きなスパンであったと推定されるが、道路面はほぼ全面開口で耐力が決定的に欠けていたために崩壊したと考えられる。

　妻側は貫工法の土壁塗りであるが、返し塗がされていない為、耐力はあまり期待できない。平使いの筋交いが見られるが、断面は小さそうである。

　土壁塗りの外壁仕上げの下見板が全面的に剥がれたのは、過去の地震の影響で雨水の浸入などの影響を受け、釘の耐力が落ちていた可能性も要因の一つと推定される。

（鈴木昭夫）

写真1　東側地震前　Googleより
建築時期は古いと思われる。

写真2　地震前　Googleより
店舗側地震前　1階はほぼ全面開口。

写真3　下屋が崩壊している　土壁の下見板が剥離。

正院町－木造⑤
石川県珠洲市正院町

74

中 破

●建物概要
用途：住宅
構造：木造
規模：地上2階
竣工：不明
形状：大屋根　下屋あり

●被害状況
1階が傾斜。
外壁、建具損傷。

●調査日
2024年4月2日

●備考
車庫付き。

　大屋根工法の下屋のある住宅である。下屋部分は約4/20程度傾斜しているが倒壊までは至っていない。

　2階のサッシ障子は損傷しているが2階全体の形は残っている。

　下屋部分の基礎は束石となっており、地震時に束が踏み外れ傾斜を免れ得なかったが、母屋の基礎は布基礎であったと推定され、耐力もある程度あったと思われる。2階の傾斜角度は不明だが、是正が可能ならば下屋部分を取り壊し、住み続けることは可能と思われる。

（鈴木昭夫）

写真1　下屋の基礎は束石。

写真2　地震前　Google寄り
車庫は本体と一体となっている

写真3　下屋部分が傾斜　束が踏外し下屋土台が落下。

正院町－木造⑥
石川県珠洲市正院町

倒 壊　大 破

● 建物概要
　用途：住宅
　構造：木造
　規模：地上2階
　竣工：旧耐震
　計上：整形

● 被害状況
　倒壊と大破

● 調査日
　2024年4月2日

● 備考
　増築で2棟一体

　写真1の白壁の建物と奥の茶色壁の建物は一体となっていて、どちらかが増築されたと推定される。

　茶色壁の建物は倒壊しているが、白壁の建物は1階が大きく傾斜しているが倒壊までは至っていない。倒壊した方の建物の正面道路側は全面開口に近く、正面道路と平行方向の耐力不足が倒壊の要因と思われる。柱と横架材の仕口も脆弱であった可能性もある。倒壊を免れた方の建物は地域に多く見られる瓦屋根、貫工法土壁塗りの伝統的な工法の住宅である。

　土壁塗りは返し塗がされていない為、耐力は限定的であり、1階の傾斜が5/20程度生じている。角の通し柱が2階床梁位置で折れているが、倒壊まで至らなかったのは、1階の内部にある程度の耐力壁が存在し、更に1階柱と土台の仕口も強い材が用いられていて、損傷しなかった為と、2階がバランス良く壁が配置されていて変形が抑えられ、柱と横架材の仕口も強固であった為と推定される。

（鈴木昭夫）

写真1　地震前　Googleより

写真2　地震前　Googleより
　　　正面道路側

写真3　土壁塗りの外壁は返し塗がされていない場合が多いが、この建物もされていない。通し柱が折れている。

正院町-木造⑦
石川県珠洲市正院町

倒壊　中破

- ●建物概要
  - 用途：店舗併用住宅
  - 構造：木造
  - 規模：地上2階
  - 竣工：不明
  - 形状：不整形
- ●被害状況
  - 古い方の建物部分が崩壊
- ●調査日
  - 2024年4月2日
- ●備考
  - 増築部分は新耐震の可能性あり

　店舗併用住宅で店舗部分に住宅部分が増築されたと思われる。古い方の店舗部分は1階、2階とも崩壊しているが、増築部分は接続箇所の壁仕上材が剥がれている程度で、構造躯体はほぼ無被害である。

　古い方の店舗部分の1階は間口、奥行方向とも開口過多になっており、全体的に耐力不足であったことが崩壊の要因と考えられる。

　また、増築部分は建築年も新しく思われ、剛性も高かったと推定され、ほぼ損傷を免れているが、古い方の建物は剛性が低く、揺れの違いから接続部が崩壊したと推定される。

（鈴木昭夫）

写真1　地震前　Googleより
　　　古い方の建物（店舗）

写真2　地震前　Googleより　　　→増築

写真3　手前古い方の建物は1階、2階とも崩壊。
　　　筋かい金物はなし。筋交いは右下がり、左下がりとバランス良く配置することが望ましい。

正院町－木造⑧
石川県珠洲市正院町

倒　壊

- ●建物概要
  - 用途：住宅
  - 構造：木造
  - 規模：地上2階
  - 竣工：不明
  - 形状：整形、下屋あり
- ●被害状況
  - 1階が崩壊し、2階は形が残ったままずり落ちている。
- ●調査日
  - 2024年4月2日
- ●備考
  - 付近一帯が崩壊状態

　この地域によく見られる土壁塗りに下見板張りの伝統的な工法と思われる住宅であるが、道路側は増築したように見受けられる。増築部分は伝統的な工法ではないと推定される。1階が崩壊しているが2階は、形が残ったままずり落ちている。

　外見上は壁量もある程度有り、崩壊しなくても不思議ではないが、屋根は瓦葺きで、壁は土壁の可能性が高く、屋根、壁の重い荷重に対しては全体的に耐力不足であったと推定される。付近一帯は2024年1月撮影のグーグル写真から見られるように、壊滅的な被害を受けているが、写真からは液状化等の地盤の変化は見られない

(鈴木昭夫)

写真1　地震前　Googleより

写真2　2024年1月撮影のGoogle写真

写真3　2024年4月撮影　1月とあまり変化ない。

写真4
瓦葺きの塀は手前の隣家の塀が移動してきたもの。

78 2000年仕様の住宅
石川県珠洲市正院

小 破

- ●建物概要
  - 用途：住宅
  - 年代：2000年以降
  - 構造：木造（在来）
  - 形状：整形　裏に下屋
- ●被害状況
  - 2つ割の筋交いが座屈、破断した。外装材も損傷。
- ●倒壊・崩壊の要因
  - 筋交い材の節や腐れの欠陥が起因と思われるが、周辺の古い建物が多数倒壊している。
- ●対策
  - 筋交い材の性能が確保された集成材を検討。
- ●調査日
  - 2024年4月22日

写真①　窯業系サイディングの損傷

写真②　45×90筋交いの破断

（屋敷和也）

79 K民宿
石川県珠洲市蛸島

大 破

- ●建物概要
  - 用途：民宿
  - 年代：昭和40年代
  - 構造：S造
  - 規模：2階建て
  - 形状：整形
- ●被害状況
  - 梁間方向に20度ほど傾斜して、1階が内外装ともに大破。
- ●倒壊・崩壊の要因
  - H形鋼の強弱軸が逆使いでないかと思われる。
  - 接合部は不明で著しく劣化している。
- ●調査日
  - 2024年4月22日

写真①　桁行方向の全景

写真②　柱H形鋼のスパン方向が弱軸になっている。

（屋敷和也）

Mレストラン
石川県珠洲市宝立町

中破

- ●建物概要
  - 用途：レストラン
  - 年代：昭和56年以降
  - 構造：木造（在来）
  - 規模：平屋
  - 形状：整形
- ●被害状況
  建物四隅に集中して設けた、たすき掛け筋交いが損傷した。
  また、取り合う柱や土台も損傷している。
  天井ボードの落下や損傷も見られる。
- ●調査日
  2024年4月22日
- ●倒壊・崩壊の要因
  海岸沿いに立地し、噴砂も見られる。平面の自由度を優先し、耐力要素を四隅に集中させた、正角筋交い（90×90）の接合部にボルトを採用せず、2倍の金物を使用している。また、取り合う柱や土台にN値に応じた接合金物を使用していない。

写真①　建物四隅に設けた筋交い損傷

写真②　90正角筋交いに2倍金物を使用している。

（屋敷和也）

Yホテル
石川県七尾市和倉温泉

大破

- ●建物概要
  - 用途：ホテル
  - 年代：昭和40年代～
  - 構造：SRC
  - 規模：8階建て
  - 形状：増築・複雑
- ●被害状況
  EXP.Jより旧耐震部分がひび割れもなく海側へ10度ほど傾斜している。
  駐車場やコンコースの不陸は認められない。
  休業中。
- ●倒壊・崩壊の要因
  海岸河口
  液状化と相まって、低強度の杭頭の損傷が考えられる。
- ●調査日
  2024年6月9日

写真①　旧館が傾斜してEXP.Jが開いている。

写真②　上部構造に著しい損傷はないが傾斜している。

（屋敷義久）

Aホテル
石川県七尾市和倉温泉

不明

- ●建物概要
  - 用途：ホテル
  - 年代：昭和40年代～
  - 構造：SRC造
  - 規模：7階建て
  - 形状：増築・複雑

- ●被害状況
  低層部鉄骨外壁パネルが剥離落下しているのと、高層部の新旧棟の継ぎ部分の外壁パネルが剥脱落下している。駐車場やコンコースには不陸なし。休業中。

- ●倒壊・崩壊の要因
  海岸沿い
  外壁パネル（特注ALC大型パネル）の取り付け不備。

- ●調査日
  2024年6月9日

写真①　新旧棟の継ぎ部分の外壁剥落

写真②　落下した外壁パネル

（屋敷義久）

S旅館
石川県七尾市和倉温泉

軽微

- ●建物概要
  - 用途：ホテル
  - 年代：昭和40年代～
  - 構造：S造　ALC外壁
  - 規模：3階建て
  - 形状：小規模・整形

- ●被害状況
  アプローチが沈下もしくは盛り上がったようである。
  復旧中で配管等の埋設管は修理完了のようであるが休業中。

- ●調査日
  2024年6月9日

写真①　アプローチ床の損傷

写真②　外壁タイルの剥落

（屋敷義久）

Mホテル
石川県七尾市和倉温泉

不明

- ●建物概要
  - 用途：ホテル
  - 年代：昭和40年代〜
  - 構造：RC造
  - 規模：5階建て
  - 形状：増築・複雑
- ●被害状況
  EXP.J部で損傷し、その幅が拡大しているようで、建物本体にはひび割れが認められないが、重大な被害の可能性がある。休業中。
- ●倒壊・崩壊の要因
  海岸河口、液状化
- ●調査日
  2024年6月9日

写真① 新旧棟のEXP.Jが拡大している。

写真② 低層部が高層部に衝突被害

（屋敷義久）

Kホテル
石川県七尾市和倉温泉

小破

- ●建物概要
  - 用途：ホテル
  - 年代：昭和56年
  - 構造：SRC造
  - 規模：12階建て
  - 形状：大規模で増築を重ね複雑である
- ●調査日 2024年6月9日
- ●被害状況
  1スパン内中央の連続方立壁にせん断ひび割れが認められる。柱壁には遠目ではひび割れが確認できない。増築を重ねているためEXP.Jには損傷があると思われる。コンコース床が段差不陸しており、設備関係の損傷が大きく、補修が手つかずで休業中である。平成元年築の地上20階建て雪月花や、古い本陣などの建物被害はないという。
- ●倒壊・崩壊の要因
  海岸埋め立て地
  方立壁がダンパーの役割をはたしたと思われる。

写真① 1スパン内連続方立壁のせん断ひび割れ

写真② 開口間の外壁のせん断ひび割れ

（屋敷義久）

光徳寺
石川県七尾市馬出町（一本杉通り）

小破

- ●建物概要
  用途：寺院
  年代：大正時代
  構造：木造
- ●被害状況
  山門は4本柱のうち1本が傾斜して、取り付く梁仕口のホゾから5cm程抜け出している。鐘楼の柱脚皿石が礎石から5cm程ずれている。
  本堂に目立った損傷なし。
- ●倒壊・崩壊の要因
  2本の河川に挟まれた平地
- ●調査日
  2024年6月9日

開基は、勧進帳で有名な第12代冨樫左衛門尉泰家入道仏誓の孫で、冨樫左衛門利信である。乾元元年（1302）に金沢の木越の地に創建した。この冨樫利信は文永11年（1274）に比叡山で天台宗の僧侶となり宗性の名乗った。

宗性は76歳で浄土真宗の第3代覚如上人に帰依され、帰国にあたり恵信僧都（源信）自作の阿弥陀如来像と親鸞聖人御自筆の六字名号を拝受して木越の房舎を建立した。（「恵信僧都は天台宗の僧侶で『往生要集』3巻の著者として知られ、親鸞が定めた七高僧の一人で第六祖である」）

第7代光徳寺の住持・現道が加賀一向一揆の大坊主として活躍、長享2年（1488）、加賀国領主富樫正親を滅ぼし（長享の一揆）、「百姓の持ちたる国」を実現した。

加賀能登一帯に浄土真宗が強いのは、蓮如上人が吉崎御坊（福井県の石川県との県境にある）に来られて布教したのでこの地方に深く教線が広がったようだ。

蓮如上人はその後は山科本願寺で念仏の布教にあたられた。加賀一向一揆が起こった際には、その指導者であった木越の光徳寺が吉藤専光寺とともに蓮如上人から「お叱り御文」を送られている。それは今でも光徳寺に残っているそうだ。

その後、天正8年（1580）織田信長から一向一揆平定の命令を受けた越前北の庄城の柴田勝家は2万の大軍を率いて加賀に乱入。木越光徳寺でも一向宗と織田軍との間で大合戦が行われた。その時、光徳寺十一世・賢明が殉死した。

死を免れた衆徒らは、たった二歳の光徳寺の跡継ぎの子抱えて、黒島（現・志賀町黒島）に落ち延び、そこの蹴落山に房舎を建てた。

後に海岸近くで、風波が激しく幾度も水害に遭ったので、慶長6年（1601）に、鹿島郡府中村違堀（現・七尾市府中町違堀）に移った。同年に利家から能登三郡（羽咋郡、鹿島郡、鳳至郡）の触れ頭を命ぜられた。そして江戸も末の天保12年（1841）にさらに移転を行い現在地になったそうだ。

現在の本堂は明治時代にあった二度の大火によって焼失後、大正年間に再建されたものと聞いた。

（屋敷和也）

古い商店
87　石川県七尾市（一本杉通り）

倒　壊

- ●建物概要
  - 用途：商店
  - 年代：不明
  - 構造：木造
  - 規模：2階建て
  - 形状：1階道路側が全開口で耐力要素なし。
- ●被害状況
  - 1階の柱が損傷して2階と屋根を残して落階している建物が多数ある。
- ●倒壊・崩壊の要因
  - 2本の河川に挟まれた平地
  - 重い瓦屋根を乗せた貫構造に土壁を耐力要素としているが、1階店先は全開口で平面的、立体的に剛性バランスが悪い。
- ●調査日
  - 2024年6月9日

写真①　店先が全開口で倒壊

写真②　1階が崩壊して落階

（屋敷和也）

店舗併用住宅
88　石川県七尾市（一本杉通り）

中　破

- ●建物概要
  - 用途：店舗併用住宅
  - 年代：昭和50年代（旧耐震）
  - 構造：S造
  - 規模：3階建て
  - 形状：整形
- ●被害状況
  - 外壁ALCパネル及びラスシートモルタルが全面的に剥脱落下している。
  - 耐火被覆の含有アスベスト吹付材やモルタルが剥脱している。
- ●調査日
  - 2024年6月9日
- ●倒壊・崩壊の要因
  - 2本の河川に挟まれた平地。
  - 日の字型柱で1スパン両方向ラーメン構造で、柱脚はピン支持である。
  - 外壁ALCパネルの取り付け方法の不備及びラスシートの劣化によって、揺れに対して追従できなかったと考える。

写真①　外壁ALC版が剥落

写真②　鉄骨部材に著しい損傷なし

（屋敷義久）

新港中継ポンプ場

石川県鳳珠郡能登町宇出津新港3丁目2-1

無被害

- ●建物概要
  - 用途：下水ポンプ場
  - 年代：平成7年
  - 構造：RC造
  - 規模：地下2階、地上2階建て
- ●調査日
  - 2024年4月22日
- ●被害状況
  - 海岸沿いで建物廻りは15cm程沈下している。
  - 発災直後の1～2日運転を中止したが、間もなく復旧した。
  - 前面道路のマンホールが50cm程突出している。
- ●倒壊・崩壊の要因
  - 倒壊・崩壊の要因
  - 地盤はGL-5m付近までゆるい砂と砂質シルトで、それより下は固いシルト層をはさんだ風化泥岩でGL-8m付近が床付けである。
  - 地下水位GL-1m

写真① 設計ルート1でRe0.2につき損傷なし

写真② 外構の沈下

（屋敷義久）

液状化の住宅地

石川県河北郡内灘町鶴ケ丘2丁目 8番らーめん付近

中破

- ●建物概要
  - 用途：住宅
  - 年代：昭和50年代～
  - 構造：木造（在来）
  - 規模：2階建て
- ●調査日
  - 2024年4月23日
- ●被害状況
  - 建物に著しい損傷が見られないが、地盤面より10～20cm沈下している。
  - 外構の損傷が激しく、ブロック塀が50cm程沈下している。
  - 1段小高い砂丘側の鶴ケ丘小学校は開校している。
- ●倒壊・崩壊の要因
  - 砂丘で成形された河北潟の出口である大野川沿いである。
  - 海岸線から砂丘を超え立地する住宅地の液状化、地盤の移動である。
  - 震度5強計測の地区である。

写真① 砂丘から潟方向へ地盤の移動

写真② 液状化で建物沈下

（屋敷義久）

宗教施設

石川県河北郡内灘町宮坂1

大破

- ●建物概要
  - 用途：集会所（宗教施設）
  - 年代：昭和50年頃
  - 構造：RC造
  - 規模：3階建て
  - 形状：平面整形、一部3階
- ●調査日　2024年4月23日

- ●被害状況
  建物本体の外観には目立った損傷はないが、全体に1m程沈下している。
  アプローチや建物周辺は崩壊。
- ●倒壊・崩壊の要因
  海岸線から砂丘を超えて1.2kmの河北潟埋立地の縁に位置する。
  直接基礎の支持地盤が液状化したものと思われる。
  60年前の新潟沖地震の後に同じ光景を数年見られたが、本件は6月9日の時点で解体済みである。
  震度5強計測の地区である。

写真①　液状化により建物沈下

写真②　アプローチや外構の崩壊

（屋敷義久）

西荒屋小学校

石川県河北郡内灘町西荒屋ハ6-7

小破

- ●建物概要
  - 用途：学校
  - 年代：昭和43年頃
  - 構造：RC造
  - 規模：3階建て
- ●調査日
  2024年4月23日

- ●被害状況
  鉄骨ブレースの外付けフレームで耐震補強済みであることから、校舎本体の損傷は見られないが、アプローチ階段崩壊と、増築の平屋付属棟が沈下している。
  6月9日現在休校し、鶴ケ丘小学校で開校。（5km南方）
- ●倒壊・崩壊の要因
  海岸線から砂丘を超えて1.2kmの河北潟埋立地の縁に位置する。
  地盤の水平移動や液状化も考えられる。
- ●対策
  昭和60年7月　校舎大規模改修工事

写真①　耐震補強された校舎本体

写真②　アプローチの損傷と付属棟の不同沈下

（屋敷義久）

榊原神社
石川県かほく市大崎

大　破

- ●建物概要
  - 用途：神社
  - 年代：不明
  - 構造：木造
- ●被害状況
  - 擁壁が崩壊して奥殿が大破
  - 震度5強計測の地区である。
- ●倒壊・崩壊の要因
  - 砂で盛土した敷地で高さ3m程の擁壁が崩壊した。
- 盛土の少ないアプローチにある鳥居や、灯篭などに被害はない。
- 民家の液状化の多い地区である。
- ●調査日
  - 2024年4月23日

歴史

　当神社ハ加賀国二之宮小濱郷加賀郡ノ総鎮守ノ小濱神社ノ摂末社ノ内ニシテ其創立勧請年月不詳ト雖モ其草創タルヤ、元正天皇養老2年6月18日小濱神社ヲ小濱磯崎今一村アリ旧名ヲ磯崎村ト云ヒ後、尼崎村ト云ヒ、慶長年間国司改メテ大崎ト改号ス。ヨリ南方30町余ノ小濱松林中ヘ朝廷ヨリ転遷再営セラル、当国地ハ北狄ノ地ニ対スルヲ以テ夷賊辺境ヲ犯サンモ計リ難シトテ州民ヲシテ当海岸小濱磯崎ニ於テ社殿ヲ建築セシメ恭シク此神ヲ祭リ鎮護ノ神トシテ鎮祭シ給フ。之レ当社ノ創立ナリト云フ。永延元年富樫忠頼加賀介ニ任ゼラルルヤ、小濱神社摂末社再興修理セラレタル時当社モ修理ヲ加ヘラル。天正14年5月11日前田利家現米壱百俵ヲ給シ小濱神社摂末社数十社ヲ再営修理セラレタル時モ当社ヲ修理セラル。明治6年8月更ニ小濱神社附属社ニ取極メラル。大正2年5月1日同字蛭児神社ヲ当社ニ合併許可。同年11月21日合併済届出。依テ当神社ノ祭神ハ蛭児神社ノ祭神ヲ合セテ二柱トナル。

（屋敷和也）

写真①　倒壊しなかった鳥居や灯ろう

写真②　崩壊した盛土の擁壁と大破した奥殿

西荒屋地区の道路と住宅被害
94　石川県河北郡内灘町西荒屋

大破

- ●建物概要
  - 用途：住宅
  - 年代：昭和40年代～
  - 構造：木造（在来）
- ●被害状況
  - 道路が壊れ不陸の激しい地区は集中して倒壊した建物が多い。
  - 道路に異状なく健全な地区は建物被害が少ない。
- ●調査日
  - 2024年4月23日
- ●倒壊・崩壊の要因
  - 海岸線から砂丘を超えて1.2kmの河北潟埋立地の縁に位置するが、埋立地に立地するか、砂丘に立地するかが運命の境目でないか？
  - 震度5強計測の地区である。

写真①　震度5強で大破した街並

写真②　宅地の崩壊

（屋敷和也）

志賀町赤崎地区
95　石川県羽咋郡志賀町赤崎

軽微　小破

- ●建物概要
  - 構造：木造（在来）
- ●被害状況
  - 震度7を計測した地区であるが、道路、港、インフラの損傷が見当たらない。
  - 建物の損傷も少ないようである。
- ●調査日
  - 2024年6月10日

写真①　震度7で軽微な被害の街並

写真②　運用可能な漁港

（屋敷和也）

金沢城の城壁

部分崩壊

●建物概要
用途：城壁
年代：1592年以降順次
構造：高石垣
規模：

●被害状況
28箇所で石垣の崩壊、崩落や変形があった。

●調査日
2024年4月3日

　金沢城は国指定史跡として、平成20年6月17日に指定されている。また、石川門、三十間長屋、土蔵（鶴丸倉庫）は重要文化財に指定されている。

　小立野台地の先端部に立地する近世の平山城跡である。天正8年（1580年）、柴田勝家がここにあった金沢御堂を攻略し、佐久間盛政が初めて金沢城主となり城郭整備に着手した。賤ヶ岳の合戦後、前田利家が金沢城主となり、3代藩主利常が寛永8年（1631年）の大火後に造営して現在の城の縄張りがほぼ定まった。

　明治以降は、兵部省、陸軍省の管轄を経て、金沢大学のキャンパスになっていたが、1995年の大学移転後に、都市公園「金沢城公園」として整備されて公開され、市民や観光客の憩いの場となっている。（金沢市ＨＰから転載）

　金沢市中心部の小立野台地の先端に立地しており、台地であるので地盤はしっかりしていると思われたが、今回の地震により石垣の28箇所に被害を受けている。被害は、城の全域に渡っているが、石垣が崩れたのは5ヶ所で、比較的小規模の崩落である。そのうち4ヶ所は近代以降に造られており、1ヶ所のみが近世である。近世の城壁は伝統的な石積工法により造られており、その石積み工法の優秀さが証明された、とも言える。崩落した石垣はまだ復旧には至っていない（5月現在）。文化財であるので既存にたがわず復旧しなければならないので、簡単ではないようである。熊本城の石垣の復旧も予想以上に時間がかかり遅れていると聞いている。

写真-1
本丸北弾薬庫跡トンネル廻りの石積み石の大きさも積み方も異なっている。

写真-2
地震で石積み上部の石が迫出している。

写真-3、4
場内の石垣の被害箇所及び立入禁止区域を示す看板

石積の積み方

　金沢城の石垣は他に例がない程、多種多様の積み方が混在している。

- 野面積み：石と石の間に隙間があり、その隙間が地震時の揺れを吸収するとされている。
- 金場取り残し積：（切石積の一種、表面の縁取りだけを揃え内側を粗いままにする）。
- 切石積み：（復元された石積）があるが、玉泉院丸庭園に面した高台にある色紙短冊積のように意匠を凝らした石積もある。

　近世の石垣は、穴生（あのう、穴太とも書く）と呼ばれる専門職人により造られている。穴生は、近江国穴太出身の石工で、信長や秀吉に出仕し、石垣造りに功績を上げて有名になってからは出身地に関係なく石垣造りの職人を「穴生」と呼ぶようになった。前田家も早くから穴生衆を召抱えた。今回の地震で、近代に整備された石積みの崩壊が多かったのは、穴生石工の技術が引き継がれていないことが影響していると思われる。

　倒壊した石垣のうち3ヶ所は明治に旧陸軍が積み、残りのひとつは戦後である。

　石垣の石は、初期には河原石なども用いられたが、文禄元年（1592）から始まったとされる石垣普請以来、城の東9kmにある戸室山山麓から掘り出した戸室石が使われている。（石川県HPから転載）

　総持寺祖院の総門左右にある土塀下部の石積も戸室石を使っている。安山岩で耐火性があり、凍結に強い。石垣や間知石、庭石のほか、墓石材などとして広く使用されている。酸化色の赤から青灰色、その中間色と微妙に異なる色合いがある。

（近藤一郎）

写真-5
天端石の迫出しと石積みのずれ

写真-6
石の積み方は時代により異なる、左下部付近が古い積み方である

写真-7、8
石積みの説明用サンプル、野面積み、裏込石は河原のゴロタ石である。

4

考察と提言

4-I

能登半島の地形と地質

2007年3月25日に発生した能登半島地震（M6.9）が能登半島で発生した最大級の地震であったが、今回の地震はそれを越えたM7.6を記録している。過去の記録上最も古くしかも規模の大きい地震は1729年（M6.6～7.0）であり、過去100年でM6クラスの地震は6回起きており、地震が少ない地域ではない。半島北側は地盤隆起し、七尾湾に面する側は沈下して津波被害が起きている。

1、能登半島の地形

能登半島は日本列島の日本海側にある最大の半島である。小学生の頃は、面白い形の半島だと思っていたが、それは面白い形ではなく過去から現在に至るまでの地殻変動の結果であった。今回の地震により能登半島の成立ちが分ったのは不勉強そのものと思い知らされたが、こんな事でもない限り考えることはなかった。

かつて、約2500万年前に日本列島はユーラシア大陸から分離し始めたが、その誕生には「イザナギ」と名づけられたプレートが大きく係っていた。太平洋プレートより古いイザナギプレートは日本列島が誕生する前にユーラシアプレートの下に沈み込んでおり、約5000万年前には姿を消していた。地上を恐竜が跋扈していた中生代白亜紀後期（約1億年前）頃は、その沈み込み時にイザナギプレートに載る堆積物の一部は大陸地殻の下に沈み込まず、剥がされて大陸地殻に押し付けられて付加体となっていた。古太平洋の海底をつくっていたイザナギプレートは形成時期が若く、温度が高かったことから、大陸東端付近に高温のマントルが上昇して大規模な火山活動を引き起こした。その結果、大陸東端の一部が引伸ばされ、マグマの噴出によって出来た凹地に海水が入り込んで、次第に拡大して日本海が誕生した。神話の世界のイザナギとイザナミの国生みの話との整合性は当然ないが、興味深い成り立ちである。イザナギが高天原の架け橋である天の浮橋に立って海を矛でかき回して、ぽとりと落ちた

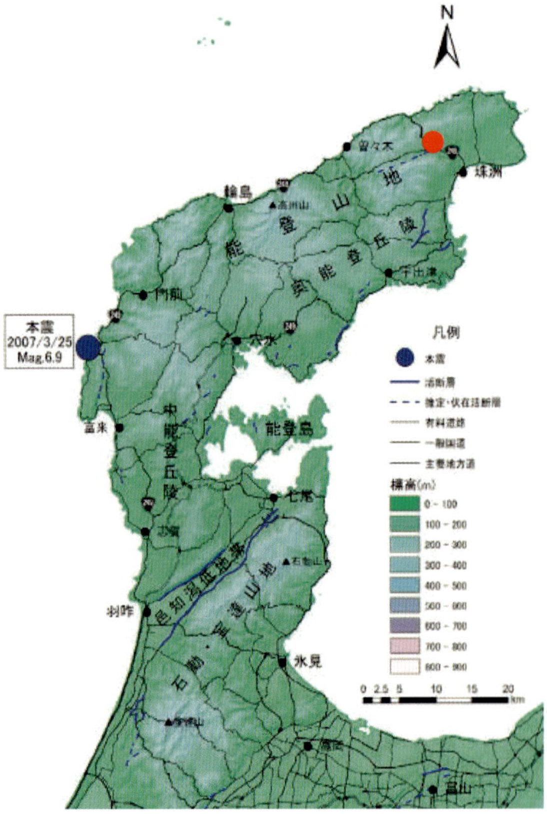

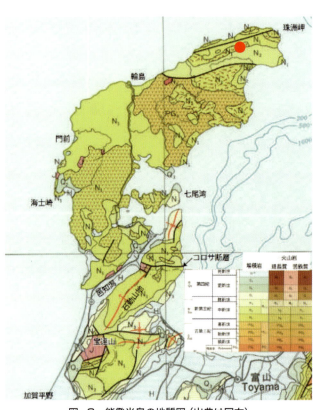

図-1　能登半島の地形及び活断層の分布
国土技術政策総合研究所「平成19年能登半島地震被害調査報告」から転載。
●は今回の震源。

図-2　能登半島の地質図（出典は同左）
地質調査所発行100万分の1地質図1992から

雫が「おのころ島」を生んで日本列島ができた神話は、日本列島の大地が堅固な地盤ではない説明そのものであった。

能登半島は2億〜2億4000万年前にユーラシア大陸の東端部に発達した深成岩類が基盤としてあり、その上に主に新第三紀に形成された火山岩類や堆積岩類が広範囲に分布している構造である。

【註】新第三紀：約2400万年から約1800万年までの期間を指し、哺乳類が繁栄しだした時代。

この半島は、おおよそ100万年以上前には島であったが、地盤の隆起や陥没を繰り返して陸地が広がっていったと考えられている。日本海の拡大に伴って地殻が大きく伸張・変形される過程の中で、海底には陸域よりも規模の大きな正断層が多く形成されていった。半島北側の沿岸部海域にはいくつもの活断層が分布しており、調査は進んでいたが、地震被害想定の改定が遅れ、防災計画に反映されないうちに大地震が起きてしまった。約1000万年かかった日本海の拡大が終わった後、列島周辺のプレートの沈み込み運動に伴う東西方向へ圧縮される動きにより、今度は逆断層が顕著に形成され、それらの多くが日本海東縁に複数の帯をなすように分布している。この逆断層の帯状分布は地震発生の危険地帯となっており、今回の地震はその一部が動いて、大きな地盤の隆起が起きた。一方、地盤の中の柔らかい地層は褶曲した。そうした地盤の隆起の結果、地形的には半島北部の標高が高く、南に行くに従って低くなっている。半島北部は北東―南西方向の海岸線や稜線が特徴的であるが、海際にはまず能登山地があり、その北西部には標高が最も高い高洲山（輪島市567ｍ）がある。海岸に平行に連なるこの山地は急峻で海側に傾斜して、前期中新生世の陸成層が分布している。続いて奥能登丘陵があり、その南には半島の中部一帯に広がる中能登丘陵、と次第に低くなって行く。中能登丘陵になると山々は穏やかで起伏は小さくなる。半島全体としては山地が大半を占めて平野が少ない地形であるが、半島の付け根近くにある邑知潟低地帯は、能登半島には珍しく平野であり、その南には石動・宝達山地がある。それらの山の連なりはいずれも能登半島北部の北東から南西方向への同じ傾きで列をなしている。そして、半島北東端の禄剛崎を境にして、日本海に面した北西岸側を外浦、富山湾に面した南東岸側を内浦と呼ぶが、内浦は外浦とは対照的に砂浜海岸となり、比較的単調な地形である。

半島沿岸全域に渡って更新世に出来た海成段丘の平らな地形が何段かあり、それは地震のたびに隆起を繰り返してきた結果である。また、地すべり地形が多数見られ、特に能登山地の北岸沿い（輪島市惣領町、白米町、赤崎町など）に多く分布している。地すべり地形は断層がその起因となるが、断層の境目となる地層は過去に何度かの断層運動を繰り返して受け、地層は変形して崩れている状態である。大雨や地震のようなきっかけがあると、簡単に地盤が崩れて地滑りを起こす。活断層図には半島陸域には活断層は多くは表わされていないにもかかわらず地すべりが多いのは、地震の震源地に近い事と地質的な特性、つまり、地質的には水を通しにくく、滑りやすい粘土層が広範囲に分布しているのが原因である。地すべりは基盤の岩石をも含めた地塊が移動する現象であり、地すべりが発生すると、特有の地形がつくられる。能登半島でよく知られている白米町の国指定名勝、千枚田は緩急の傾斜を繰り返す階段状の棚田であるが、馬蹄状となる地すべり地形と、地すべりで出来た階段状地形をうまく生かした棚田である。今回の地震でも被害が起きているが、「地すべり跡地形を活かした棚田」であることをもっとアピールすべきである。田毎の月で有名な姨捨の棚田（長野県千曲市八幡）も同様に急傾斜の扇状地状地形につくられている。地すべりが発生する地域は多くの場合、地下水が豊かであり、多雪地帯の北陸や東日本の日本海側に多いが、融雪や豪雨により地下水の水位が高くなった場合には地すべりが発生しやすい。しかし、地すべりによりなだらかな傾斜地ができると、水田をつくるのに適することから、平地の少ない山合いでは「災い転じて福となす」としばしば利用されている。地すべり現象は再滑動性・周期性があ

写真-1　千枚田の棚田（2006年8月撮影）

り、既存の地すべり地形とその周辺に発生しやすいことから、注意喚起が必要であり、「地すべり地形分布図」はもっと活用されるべき資料である。

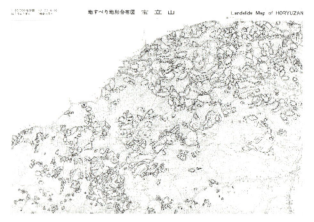

図-4 地すべり地形分布図（防災科学技術研究所）

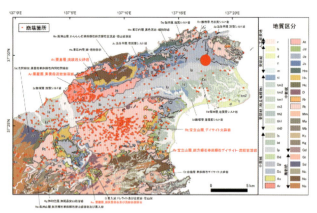

図-5 「第八報 2024年能登半島地震に伴う斜面崩壊の崩壊箇所と地形・地質との関係（予察）災害と緊急調査」
（産総研 地質調査総合センター）

国土地理院地図（2024）から推察した崩壊箇所、を転載
●は今回地震の震源

　調査時のバスの車窓からは各所で地滑り箇所が見られたが、大半は表層の地すべりと思われる。土石と同時に密植された杉が滑り落ちており、間伐はおろか山の手入れさえもできなくなった地域の老齢化と過疎化の現状が見てとれる。

写真-2 車窓からの地すべり跡-

・能登半島の珪藻土

　半島北東部には砂質シルト岩と珪質—珪藻質シルト岩からなる海生層（飯田層、飯塚層他4層）があり、周辺丘陵を構成する主要な地層である。この地域は日本有数の珪藻土産地であり、その埋蔵量は豊かであり、成形性がいいことから、古くは製塩業の炉材に使われ、戦後も煉瓦やコンロの材料として使われてきた。この地域の珪藻土は珪藻以外の成分が多く含まれていることから、吸水率が低い反面、成形性がよく耐火性や断熱性能に優れているのが特徴である。漁師の冬場の副業として、コンロや七輪の生産が地場産業として根付いてきた歴史は、生活スタイルの変化もあってその生産量は減っているが、良質な珪藻土は濾過補助材として利用されるなど、活路は変わって来ている。また、能登半島北部の海岸では、かつて、揚げ浜式塩田による製塩が広く行なわれており、珠洲市仁江町には現在も残っている。

・能登半島周囲の海域

　半島周辺の海底地形を見ると、水深1000m以上の深い海盆域が半島をぐるりと取り囲んでおり、半島周囲は海盆の上に乗る海底台地である。能登半島はその台地の上に乗る形であり、しかも、能登山地の尾根が延長するような地形が水深200m以浅のこの海底台地まで続いている。つまり、この海底台地は半島周辺域の海が深く沈降した時には半島を含めた大地であった。能登半島の東沖は、海溝状に海底が深くなっており、フォッサマグナの延長のように見える。ここは北米プレートとユーラシアプレートの境界であるが、大陸プレート相互であるのでプレートが潜り込む事はない。

・変動帯の上にある日本列島

　地形や地質の立場からは、陸地は安定大陸と変動帯の二つに分けられる。安定大陸は古い岩石からなる堅固なプレートの上に乗っており、地殻活動が少ない。しかも長い時間をかけた水の浸食や風化作用を受けて地盤の凸凹が削られてなだらかな地形になっている。これとは対照的に、変動帯はプレートの収束域に位置することから、地殻変動が活発にあり、火山の噴火や地震が加わってくる。地盤の隆起や沈降を受けた地形は複雑になり、斜面勾配は急峻となることから、水による浸食が大きく、山地の裾野周辺には川が運んできた土砂が固結しないまま厚く堆積する。その

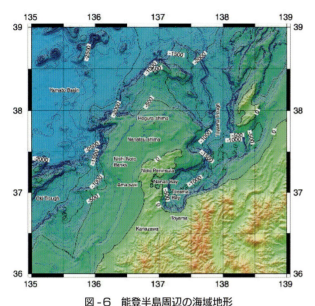

図-6 能登半島周辺の海域地形
（活断層・古地震研究報告 No.7 2007年　能登半島及び
その周辺海域の地質構造発達史と活構造　岡林行信）から転載。
・海底台地が半島よりも広いことが分かる。

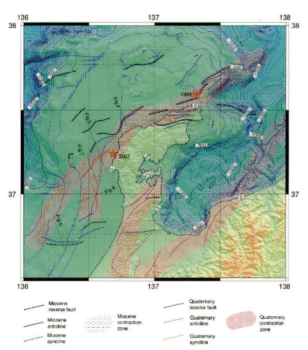

図-7 能登半島周辺の地質構造と歪み集中帯（前出）
・ピンクのハッチ部分あ含まれる断層は活断層である。

違いははっきりしており、この日本列島の地形を説明するぴったりの内容である。日本列島は地形変化の少ない大陸から分かれた結果、大海に乗り出した船のように地殻変動の荒波をまともに受ける形になった。特に今回の地震での能登半島北部の地殻変動は大きく、輪島市西部では約4mの隆起、かつ約2mの西向きの変動、珠洲市西部では約2mの隆起、かつ約2mの西向きの変動が記録されている。（地震調査研究推進本部、地震調査委員会2月9日の暫定値）2007年の地震では、震源地に近い輪島市門前付近で約35cmの隆起が見られたが、今回の隆起量はそれをはるかに上回っている。輪島市門前町黒島町付近の隆起は約4mであ

るが、海岸線は最大で240m沖合いに移動して、広大な砂浜が広がっていた。近くの黒島漁港はすっかり干上がって港の機能を失い、海岸の様相は激変した。半島北部に活断層が少ないように見えたのは、過去の地殻変動の結果、陸域の断層が不明瞭になっている可能性が考えられる。地震調査委員会は5月13日、今回の地震では半島沖の4つの海底断層が動いていたとの見解を出した。能登半島西方沖から北方沖、北東沖にかけて、主として北東─南西方向に延びる複数の南東傾斜の逆断層があり、これらの活動が原因と推定した。

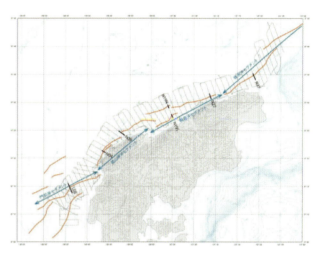

図-8 産業技術総合研究所が調査した4つのセグメント
（活断層区域）（オレンジ色の線は海底断層）
（産総研／政府の地震調査委員会提供）

写真-3 黒島町付近の海岸、隆起により砂浜が沖合いまで広がっている。遠くに見えるのは鹿磯の集落と港

・地震の発生原因

朝日新聞「能登半島地震1ヵ月」の記事（2月2、9日）が興味を引いた。「20年12月から続く群発地震の原因とみられるのは、…地下深くから上昇してきた水などの液体だ。断層帯の深い場所と浅い場所それぞれで、群発地震に関与していた可能性が高いという。」では、その水（液体）は一体どこから来るのであろうか。新たな疑問が湧いてくる。

プレートが押す力による断層だけでは内陸地震に

よる変形や地震の分布が説明できない事象から、そこに「水」が大きく関わっていることが明らかになってきている。海洋プレートが大陸プレートの下に沈み込むために折れ曲がるが、その水平から沈み込みに転じる場所では海底地形に盛り上がりが出来る、この盛り上がりをアウターライズ（海溝外縁隆起帯）と言うが、その変形時にプレートが引張られて正断層ができる。そこが「水」の通り道となり、プレート内に水が入り込む。しかし、断層運動はせん断変形であり、断層面に沿ってひび割れができるわけではなく、ここから海洋プレート内に水が引き込まれることはないとの論もある。能登半島は太平洋側の沈み込み帯からはかなり離れている。プレート内に入り込んだ水は水そのものの形ではなく「結晶水」として玄武岩やかんらん岩などの含水鉱物の中に取り込まれる。この水を含んだ玄武岩は変質玄武岩に、かんらん岩は蛇紋岩に変化して、プレートの下に深く沈みこんでいくが、沈み込むに従い温度が高くなり、500～800℃になると水や二酸化炭素などの揮発性成分を吐き出して玄武岩等に戻るが、その水がマントルに加わると、マントルはマグマを発生しやすくなる（加水溶解）。こうした含水鉱物の脱水分解反応によって分離した水が断層面に入り込むと、断層強度が低くなり小さなせん断力で地震が発生する（脱水脆性化説）。地震はせん断応力が断層強度を上回った時に発生するので、その引き金として、この水が今回の群発地震の原因になったとされている。2020年11月末から2022年6月までに約2900万㎥（東京ドーム約23個分）に達する総量の流体が上昇していた（ニュートン 2024年4月号による）。水循環は、海の水が蒸発して雨となり、地表を流れてまた海に戻るだけではなく、地球内部のマントルまで水が入り込んで、そして地表に出てくる壮大な水循環システムがあることに驚くが、それだけに4枚のプレートがせめぎ合う日本列島に地震や火山噴火が多いのは当然である。さらに多雨多雪のモンスーン気候が加わった自然現象と我々の生活との微妙なバランスで成り立っている。安全と災害が表裏一体にある地に住んでいることをもっと知るべきである。この地球の自然現象に逆らわずに共生する、この地形や地質を活かしながら、生活していくには、過去の我々の生活の中にあった土地との付き合い方を学び直すことである。1960年代以来、プレートテクトニクス理論が明かにしたように、地球はプレートの動きにより、水や二

酸化炭素、地盤などの地球の構成要素を循環させている。地球が活動期に入ったからとの説があるが、そうではない。日本海の拡大を誘発した原因には、インド亜大陸がユーラシア大陸に衝突したことがその一つとも言われている。地球のプレートの動きは連動しており、地殻変化と共に気候にも大きな影響を与えており、日本海の成立がこの列島に特有のモンスーン気候をもたらしている。こうした地球の歴史と水などの物質が循環している地殻運動をもっと理解すべきである。その壮大な地殻変動の影響と共に、それがもたらす様々な恩恵を想い浮かべてほしい。幸いにして人口は減りつつあり、条件の悪い土地に住むことは避けられる時代になって来ている。地球の地殻変動と共存する生き方と文化がを考えるべきである。

図-9　海域断層分布図から日本海側活断層地図
海洋研究開発機構 JAMSTEC から転載

　この日本列島は世界でも有数の変動帯に位置しており、活発な地震活動から逃れる事は出来なくとも、その被害を軽減する方策の一つとしては建築基準法の耐震基準の再検討である。建築物の耐震強度を地域によって軽減しているが、大地震が起きる可能性は至る所にあり、軽減する理由はない。海洋研究開発機構による日本海側の海底活断層分布図によると、北海道から九州まで活断層がほぼ連続して存在している。国交省は現行耐震基準の妥当性の検証へ被害原因分析する有識者委員会を2月14日に設置したが、耐震強度の軽減係数廃止には議論の余地はない。そう考えると、原子力発電所の立地に適する安全な土地は、まずない事も明らかである。まして、災害時に対応する交通路や避難ルートなどを考慮すると更に厳しい。かつて珠洲市高屋地区と寺家地区に計画されていた珠洲原子力発電所が中止になったのは不幸中の幸いである。

・日本海文化圏としてみる

図-10　さかさまにした日本列島
（フォッサマグナ藤岡換太郎著　講談社　ブルーバックス）

　吉阪隆正氏の「どんでんがえし」的に発想を逆転する。地図は通常、北を上とするが、逆さまにすると、ユーラシア大陸から日本海を隔てた日本列島が樺太を含めた大きな島弧として日本海を囲み、朝鮮半島がそれを補完するようにさらに囲い込む形が見え、かつ、日本海が中心にあるように見える。かつては広大な太平洋ではなく、この日本海を介して盛んに交流した歴史があったのは、日本海側沿岸に縄文・弥生時代の遺跡が多く残されており、多くの人々が住んでいた事から分る。そして、交流するには物流があったはずである。日本列島が大陸から分離した時に火山活動が活発であった事を最初に述べているが、その時代のマグマからの熱水によって様々な貴金属類や鉱物類が形成されている。例えば、グリーンタフ（緑色凝灰岩）は日本海に面した地域に多く分布している。グリーンタフは碧玉やヒスイに較べると硬さが劣り、光沢も劣るが、その柔らかさを生かすと、加工しやすく、勾玉つくりには適している。勾玉つくりは出雲であるが、ヒスイは糸魚川であり、金や銀は佐渡であるように、鉱物資源に恵まれているの日本海沿岸であるが、そうした「玉」類が交易対象の一つとなり、古代から大陸との交流・交易圏が成立して来たからこそ、文化交流の最先端を担っていたのが能登半島ではないだろうか。また、矢じりやナイフに使われた黒曜石も輸出品であった。

　時代は下って、北前船が往来する江戸時代になると、能登半島はその航路の北海道から関西へのほぼ中間に位置する地の利であることが分る。しかも輪島は南風と西風を避ける良港であり、古代から渡来人も半島の地形を目指して渡ってきたと思われる。そうした歴史からここには長い時間をかけた文化の集積が出来ていると推測する。輪島は海運面から能登半島の重要な拠点であったが、北前船の他の寄港地とは違った局面を持っていた能登半島北側への海域は海の避難所であった。

　北前船の寄航する主要な港としては、大河川の河口に近く水運の利点が大きい港が発達してきた。九頭竜川河口の三国、小矢部川河口の伏木、信濃川河口の新潟がその例に挙げられるが、これらは河川流域からの米などの産物の集荷に利便性が高く、しかも、これらの流域に物資を供給するにも有効なことから、海上交通と河川水運が一体に構築できる港が栄えた。しかも、北前船は「買積み廻船」であり、独特の商社的活動により各港で売り買いをしていた。ところが、輪島には大きな河川がないにもかかわらず、北前船の一大拠点となっていたが、輪島を含めた能登は、物資だけではなく、文化と情報を商品としていたのではと推測する。物流は物だけでなく文化の交流を伴うことは歴史が証明しているが、北前船は能登の地場産業と文化を各地に伝える役割を果たしていたと同時に、各地の文化が能登に伝わってきた。能登瓦はほとんどが珠洲でつくられていた（珠洲瓦と呼ばれる）が、日本海沿岸地域に広がったのは船運である。輪島塗も北前船により全国に運ばれて名声を得た。

　今回の地震で半島北部は4mから2mの隆起が起きて港が使えなくなり、国土交通省が石川県の7港の応急復旧を7月23日に完了し、今後は本復旧に進むとの報道があったが、海底の浚渫に合わせて岸壁の切下げや浮き桟橋の新設など、今までに例のない大工事が控えている。港湾の復旧は漁業に取って死活問題であると同時に、物流面からも重要である。2001年に鉄道七尾線の穴水〜輪島間が廃線になっており、JR北陸線もすっかりローカル線化している現状を見ると、もう一度船運を見直していい時代に来ている。船運はスピードとしては遅いが、輸送量としては大きい。また、複数の輸送のネットワークを整備しておくのは、海に囲まれたこの列島ならではの有効なインフラストラクチャーとなる。

　能登半島の基幹産業は漁業である。ところが、今回の地震で半島のほぼ全域の漁港が被害を受けており（石川県の漁港は69、そのうち60漁港が被害を受けた）、しかも、甚大な地盤隆起を受けた港はその機能を全く失っており、その復旧に時間がかかる。ほぼ支障ない程度に復旧が完了するのはおおむね2年後であると、公表されているが、時間がかかり過ぎる。輪島

漁港の1月から4月までの漁獲量は、わずか18トン、対前年比で2％に過ぎない。6月末に漁港の浚渫が終わり、漁船のサルベージが開始されているが、漁港機能（燃料、製氷、荷捌き施設など）はこれからである。能登半島の周囲の沿岸は、遠浅の砂浜域の加賀海域、岩礁が広がる外裏海域、急に深くなる内浦海域、1年中静穏な七尾湾など、海岸風景と同じに多様な変化に富んでおり、その漁場環境を生かした漁業が営まれている。日本海を対馬暖流が西から北上しており、水深300m以深には冷たく栄養塩に富んだ日本海固有水が存在し、北からはリマン海流が流れてくるので、多くの魚種に富んだ豊かな海であるからこそ、漁業が盛んであったが、今後はどうなるであろうか、しかも高齢化は進んでいる。

珠洲焼という焼物がある事を知ったが、瓦と同じく、珠洲の珪藻土を含む粘土を使っていたと思われる。珠洲焼は古墳時代中期に大陸から伝わった須恵器の流れを引いており、14世紀には日本列島の四分の一に広がるほど繁栄したにも拘らず、戦国時代には忽然と廃絶した焼き物であるが、重い焼き物は海運で各地に広まっていった。珠洲焼きは考古学研究の成果を受けて1978年に再興している。珠洲瓦と珠洲焼きだけを見ても、大陸から伝わって来て、この能登から各地に広がっている。能登半島は古代から文化と産業の中心であった。

東日本大震災前の東北3県の高齢化率は20％台であった。それから10数年たった人口減と高齢化現象は都市部も地方も否応無しに進んでおり、奥能登4町村の高齢化率は50％前後に及ぶとされている厳しい現実となっている。被災したインフラストラクチャーの復旧は必要であり、もっと重要なのは、この地域の文化や地場産業を再発見して体験できるような展開をつくること、地域の記憶をつないでいく活動の場をここにつくる事が、能登半島の地域再生の道と思われる。しなやかで多様な活動の場を展開すべきである。かつて、能登杜氏が冬場になると各地に出向いて酒の仕込みにたずさわった。冬場に漁が出来ないことからの副業であったが、日本酒の好みは地方によって異なる事を思うと、どんな酒造りをしたのか興味深い。杜氏集団ごとに酒造りの流儀があるという。能登の酒は「濃厚で華やか」と評されるようであるが。麹菌という微生物を媒介とした発酵文化（醸造産業：味噌・醤油・日本酒・味醂、そしていしり）は、その土地が生む産物とその地域の気候の微妙な違いを手塩にかけて作ることで、その地の文化の地域性と特徴を伝えてきた。いしりは、奥能登に伝わる魚醤であるが、イカのわたを時間をかけて熟成させてつくる。能登の風土と冬の寒さがあっての奥能登特有の食品である。その伝統と地域性を評価すべきである。そして、それを味わうべく能登半島を訪れたい。

（近藤一郎）

写真-4
大沢町付近の間垣（まがき）、強風から建物だけでなく集落全体を守る必要があるほど風が強い土地である。

写真-5
黒島漁港附近の海岸。海底の岩礁が露出してテトラポットは役目を失っている。

【参考文献】
・能登半島北部20万分の1地質図の解説　地質調査総合センター　2010年
・令和6年能登半島地震の評価　地震調査研究推進本部　地震調査委員会　令和6年2月6日
・能登半島及びその周辺海域の地質構造発達史と活構造　岡林行信　活断層・古地震研究報告、No.7 2007年
・日本海の拡大と伊豆弧の衝突　藤原換太郎・平田大二編著　有林新書　2014年
・フォッサマグナ　藤原換太郎　ブルーバックス　2018年
・地球46億年物質大循環　月村勝宏　ブルーバックス　2024年
・大陸の誕生　田村芳彦　ブルーバックス　2024年

能登半島地震の津波被害

津波の歴史

　能登半島に津波の影響があった地震は飛鳥時代終盤の701年の大宝地震に遡る。現在の京都府北部を震源とするマグニチュード7クラスの大地震で能登半島西岸に津波が到達している。この17年前の684年には南海トラフ地震の最古の記録とされる白鳳地震が起きている。1741年の寛保津波は北海道の渡島大島が噴火した山体崩壊が原因で能登半島に3～4mの津波が到達したとされている。1833年に山形沖で起こった天保地震では輪島の朝市通りを5.3mの津波が遡上して当時全戸数1459戸のうち24％が流されて47人の死者を出している。波源との位置関係による屈折効果に加えて、大陸からの反射波が重なったものと推定されている。

　1983年（昭和58年）5月26日、秋田県沖を震源とするマグニチュード7.7の日本海中部地震が発生し、強い揺れの直後、東北地方の日本海側を中心に大津波が襲った。

　この地震・津波で、全国で104人の方が亡くなり、このうち100人は津波によるものだった。能登半島での津波は2～3mに達している。津波による大きな被害の経験がしばらくなかったことなどもあり、「日本海には津波はない」といった俗説などが避難の遅れにつながり、犠牲者を増やした原因の一つとされている。

令和6年能登半島地震

　2024年1月1日16時10分に、日本の石川県能登半島にある鳳珠郡穴水町の北東42kmを震央として能登半島地震が起きた。地震の規模はマグニチュード7.6、震源の深さは16km。最大震度は、石川県輪島市と羽咋郡志賀町で震度7が観測された。震源の南東側に開けた飯田湾で最大4mの津波が起きている。特に鵜飼漁港周辺は最も津波被害が大きかった地域で、津波は海岸から内陸へ約500mまで達している。浸水範囲は珠洲市、能登町、志賀町の約190haに及んでいて、宝立正院海岸や三崎海岸などの12海岸で堤防護岸の損壊があった。これも津波による被害と考えられている。（図1）一方で、震源に最も近い能登半島の北端の珠洲市川浦町から西側の輪島市にかけては津波による大きな被害は確認されていない。また、飯田湾の津波は富山湾に比べると著しく大きく震源に近いだけでなく特異なメカニズムで津波が増大したことが考えられる。（図2）

図1　津波による浸水範囲と海岸保全施設の被害／国土交通省

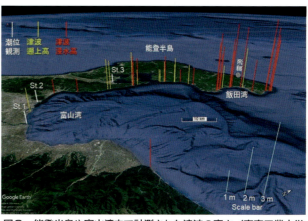

図2　能登半島や富山湾内で計測された津波の高さ／東京工業大学

飯田湾の津波メカニズム

　東京工業大学の環境・社会理工学院融合理工学系の高木泰士教授らの研究チームの数値解析によると能登半島の北西岸に沿って長く延びた震源断層上で発生した津波は、地震直後に北西に向かう津波と南東に向かう津波に分裂している。このうち南東に向かう津波は屈折作用により大きく回り込む形で富山湾方向に伝播し（図3a）、飯田湾の沖に舌状に広がる飯田海脚と呼ばれる水深300mより浅い海域上において

エネルギーを保ちながら飯田湾に向かって進行したものと考えられる（図3b）。同時に、急勾配海底斜面での屈折作用により、富山深海長谷と呼ばれる水深900 m以上の海底谷から飯田海脚の浅海域に向かって津波エネルギーが集中している（図3c）。これら一群の津波は第一波として地震発生約20分後に飯田湾に到達している（図3d、図4a）。

さらに地震発生30分後頃、南北の岬の影響で散乱波が発生し、その一部が回折波として湾内に回り込んだことで、二次的な津波が発生している（図4b）。岬で発生したこの二次的な津波は、互いに干渉したり、先行する第一波の反射波と重なり合ったりしながら、湾内において非常に複雑な水位変動を励起したと考えられている。

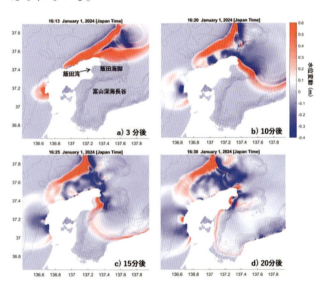

図3　数値解析による地震発生後の津波伝播の状況。白い部分は陸地を示している／東京工業大学

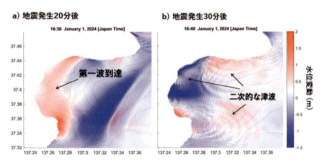

図4　飯田湾に到達した第一波と新たに発生した二次的な津波／東京工業大学

飯田港〜鵜飼漁港の一帯で特に津波の被害が大きかった状況は、珠洲市役所に設置されたモニタリングカメラの映像記録にも押し寄せる津波が記録されている。この映像には地震発生約30分後、沖方向からの津波と岸に沿って進むボア状の津波（砕けた状態で進行する津波）が、飯田港辺りで交差するような状況が記録されている。その直後には津波が防波堤と激しく衝突し、スプラッシュ（水塊）が高く打ちあがる瞬間も記録されている。スプラッシュはその映像に映っている避難タワーの4階、少なくとも10m以上の高さにまで達していた飯田港の防波堤倒壊は、このときの衝撃によるものと推測されている。なお、同映像には数値解析結果（図3d）と同じく、地震発生20分後に津波の第一波が到達する状況が映っている。この第一波の津波は30分後に発生する二次的な津波よりも明らかに小さく、この地域で生じた甚大な津波被害は、直接的には第一波ではなく後続する二次的な津波によるものと考えられている。このように、第一波の津波の後に、多方向に進行する短周期の津波が新たに発生し、湾内の特定の場所で重なり合ったことで、局所的に津波の増大が引き起こされる状況が生じたと考えられている。津波が湾内で非一様な振る舞いをしたことは、数値解析結果の空間分布にも表れている（図5）。

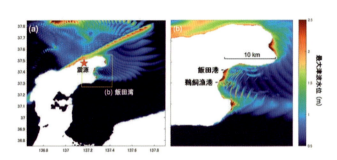

図5　最大津波水位の空間分布（a）能登半島全てを含む領域（b）飯田湾を中心とした領域　／東京工業大学

珠洲市鵜飼の津波被害

耐震総合安全機構（JASO）の令和6年能登半島地震被害調査団16名は2024年4月2日に津波被害が大きかった珠洲市宝立町鵜飼から正院町に入った。避難所に指定され炊き出しが行われていた珠洲市立宝立小中学校にバスを寄せて徒歩で海に向かう。隣接する石川県立飯田高等学校宝立校舎とともに海まで500mに位置している。木造建築は地震の揺れで悉く崩壊または大きく傾いている。道路には海砂の堆積が見受けられるので津波がここまで到達していたことがわかる。内浦街道を越えて鵜飼川に架かる港橋は通行止めだが渡ると鵜飼漁港だ。マンホールは1m以上も隆起しているので液状化も激しかったことがわかる。（写真1）船着場のコンクリート床は割れて隆起と沈下でガタガタになっている。低いところに液状化で噴出した砂が堆積している。（写真2）そこに漁船や変形した

トラックが打ち上げられている。（写真2）（写真3）海に面する鉄筋コンクリート造の宿泊施設は1階部分のサッシや手摺のガラスが津波で破られている。（写真4）地元の人が軍艦島と呼んでいる見附島には弘法大師空海が唐での修行で授けられた三杵を探し求めて海路佐渡から能登沖を通ったときにこの島を頼りに着岸されたという伝説が残っている。令和6年能登半島地震の揺れと4mの津波で海岸からは見えない南東側を中心に島の半分が崩れ落ちてしまった。（写真5）

写真1　液状化で隆起したマンホール（鵜飼漁港）

写真2　打ち上げられた漁船（鵜飼漁港）

写真3　打ち上げられた変形したトラック（鵜飼漁港）

写真4　宿泊施設1階部分のサッシや手摺のガラスの津波被害（鵜飼漁港）

写真5　津波で半分も崩落した見附島（軍艦島）

珠洲市正院町の津波被害

飯田湾の北に位置する珠洲市正院町に須受（すず）八幡宮はある。海からは400mほど内陸に入っている。872年（貞観14年）の創建で前田利家が深く崇敬されて能楽は加賀藩より宝生流となっている。石でできた鳥居や狛犬（こまいぬ）が崩れ、手水（ちょうず）舎の屋根が落ち、能舞台も崩落してしまった。（写真6）（写真7）（写真8）

海に向かって進むと内浦街道を越えて津波被害や液状化被害が多く見受けられる。民家のガレージのコンクリート床板が迫り上がって割れるなどの液状化被害（写真9）もあった。海岸線に近づくと木造建築の倒壊が増えるのも地震の揺れに加えて津波の力が後から来た影響があるものと思われる。（写真10）電柱に表示された想定津波高は5.8m（写真11）なので今回の津波は想定内ではあるが、揺れと液状化と津波が複合されて建築や港湾施設に及ぼす被害は想定を超える大きさになっている。

写真6　珠洲市正院町の須受八幡宮

写真9　民家のガレージのコンクリート床板が迫り上がって割れる液状化被害

写真7　石でできた狛犬が崩れた（須受八幡宮）

写真10　海岸線に近づくと木造建築の倒壊が増える

写真8　崩落した能舞台（須受八幡宮）

写真11　電柱に表示された想定津波高は5.8m

津波への備え

　能登半島においては近年地震が多いことから住民の方々の津波への警戒がなされていた。津波の高さも想定内で浸水域も想定の半分ほどに止まっている。しかしながら、東日本大地震のような想定外の津波が来たときには当然ながら想定を超える被害が生じてしまう。

　海に囲まれた日本の集落は海沿いの平地から川を遡上するように構成されて街へ都市へと発展している。海沿いの産業は漁業が中心で住居も便利な海沿いに形成されやすい。

　私の叔母は福井県の三国港漁業協同組合の組合長を務めていた漁師に嫁いで東尋坊の海で海女をしていた。まさに海が生活の糧であるが住まいは急峻な九十九折りの坂を上がった海抜30mの位置に構えていた。近くの神社や寺もこの高さにあった。山ほどのウニやアワビを木のタライに満載して坂道を上がってきた。足腰がとても強かった。

　ハワイ島の有名なゴルフコースを有するマウナラニリゾートの入口に津波避難エリアに入ることを示す標識が立っている。クイーンカメハメハハイウエイからマウナラニドライブに入るポイントで海からは3kmの距離があり海抜は50mに位置している。この標識は島のいたるところになんでこんな高台にと思うようなところで見かける。広い太平洋で起こる巨大地震による巨大津波を被り続けてきたこの島ではものすごいスケールで日常の生活と津波が共存できている。(**写真12**)

　生活や仕事は海沿いであっても寝るところは確実に津波が達しない高さにする。地震が来たらなにしろ一目散に確実に津波が達しない高さまで逃げる。津波への備えはただそれだけでいい。

（宮城秋治）

参考・引用文献
「天保4年（1833）山形沖地震とその津波の規模」羽鳥徳太郎
「石川県における津波想定について」石川県
「令和6年能登半島地震における津波増大メカニズムを検証」東京工業大学
「地産地消文化情報誌能登」May2024春／体験リポート／松田咲香
「令和6年能登半島地震　津波による浸水および海岸保全施設の被害状況」（速報）国土交通省

写真12　ハワイ島マウナラニの津波標識

コラム　珠洲市における津波の記録写真

はじめに

今回の能登半島地震での津波による被害があった狼煙町、三崎町、飯田町、宝立町、能登町を令和6年9月14日から9月16日かけて調査を行った。その記録写真を示す。

1）狼煙町

狼煙漁港の建物で①が鉄骨造、②が木造。津波の影響を直接受けている。

③・④堤防側面。地盤の隆起が確認できる。

2）三崎町

⑤・⑥須須神社。調査当日キリコ祭りが行われていた。須須神社は高台に位置するため津波の被害なし。

⑦・⑧三崎町寺家の海岸線沿いの住宅。津波により玄関などの開口部に被害あり。

3）飯田町

⑨・⑩まつだ荘。床が津波により浸水し、畳が撤去されていた。根太が上方へむくりあがっていることから津波が突き上げたことがわかる。⑪壁に浸水の跡が見られる。

⑬まつだ荘の隣の住宅。⑫手をかざしているところ（基礎天端あたり）まで浸水したとのこと。

⑬玄関にはブルーシートがかけられていた。

⑭海沿いの住宅。津波による海砂が見られる。

4）宝立町

⑫鵜飼漁港付近に位置するキリコを保存する倉庫。⑬海から遮るものがなく津波の影響を直接受けた様子。⑭中にあるキリコは無残にも取り残されていた。

鵜飼川沿いの様子。⑱・⑲が陸側、⑳・㉑が海側。川を挟んで被害の違いが出ている。

㉒見附多目的広場の電話ボックスが傾いている。

㉔㉕鉄骨造のデカ曳山倉庫。海から遮るものがなく津波を直接受けているはずだが、倒壊していない。柱脚部に座屈が見られる。㉘中のデカ曳山は、無事だった。㉖木造倉庫。津波の被害を直接受けている。㉗中に入っていた祭り用道具が流されていた。

5）能登町

㉙恋路海岸の様子。㉚海岸線沿いの住宅。津波の被害が見られる。　　　　　　　　　　　　　（伊藤昌志）

写真撮影
鯨井…⑧．㉘　坂井…⑪．⑯．⑰．㉒
伊藤…その他

121

4-3

輪島朝市通り　石川県輪島市河井町１

　輪島の朝市通りがある本町商店街は、地震被害後に火災が発生し、一帯が焼失した。焼失面積：約50800㎡、焼失棟数：約300棟とされている。

　火元とされる住宅は、１階が倒壊したが、当時はストーブやコンロは使用していなかった。電気配線に溶けた跡があり、地震の揺れで電気系統がショートするなどから出火した可能性があるとされている。火の粉が飛んで燃え移る「飛び火」が２ヶ所で起きた可能性がある。当時は、ほぼ無風状態（弱い南風）であったが、延焼は川がある西側を除いた全方向に拡大している。延焼速度（約30m/h）であった。大津波警報発令下であり、津波対策が必要とされ、川からの取水は地盤の隆起により不能であった。道路の隆起や道路損壊の中でポンプ車が３台現場に到着（20：15）して消火に当り、街区東・南側では消火活動の結果、延焼が阻止された。防火水槽は焼失区域内に１ヶ所あったが、細街路沿いにあり使えなかった。家屋の倒壊も障害になったと思われる。

　焼失区域の北西端に隣接して建つ２棟の戸建木造住宅は目立った損傷を受けていなかった。新耐震構造で地震被害をほぼ受けなかった上に、外壁の防火構造により類焼を免れた。開口部が比較的小さく少ない事も結果的に功を奏した。

　この建物Aは、南側道路を隔てた焼失区域から11.2m離れ、建物Bは、8m離れていた。（航空写真参照）

参考資料
- 令和６年（2024）能登半島地震による建物等の火災被害報告（速報）国土交通省　国土技術政策総合研究所　国立研究開発法人建築研究所　令和６年１月19日修正
- 令和６年能登半島地震において発生した輪島市大規模火災における消防庁長官の火災原因調査（速報）総務省消防庁消防研究センター　令和６年２月15日

写真-1　区域の南西から

写真-2　区域の南から
いろは橋が見える

写真-3　朝市通りは比較的広い道路である

写真-4　北端にある市姫神社
鳥居や灯篭は崩落したが、焼失は免れた。

国土地理院提供、地震後、1月17日撮影

　輪島の朝市はかつて2回訪れたことがある、54年前と9年前である。朝市通りは、輪島の中心商店街の中では最大の規模であった。しかし、目の前に拡がるのは焦土と化して3ヶ月経ってもほとんど手付かずに見える焼野原であった。記憶に結びつくような朝市風景はおろか、街並みも建物もなく、かつての記憶につながるような風景どころか、何らの手掛かりすらなかった。かつて訪れた記憶には、時間が経ても変わらない何かがあったような気がしていた。

　東京では、街の景色は常に変わって行き、新しいものが旧いものを駆逐して、そのスピードがとにかく速い。この焼跡を歩いていると、記憶に残っていたメージは現実の街を見る時にも重要な情報や手掛かりになり得るのだと思った。かつての建築とか何かが残っていれば、そこにあった生活の記憶が、過去に過ごした時間の累積が呼び戻せるのではないか。そう思うと、この朝市通りに町の人々が再度自分たちの生活を立て直すには、とんでもないエネルギーがいる。

　旧い商店街であり、老朽化した木造建物の大半は商店もしくは店舗併用住宅で、車庫もあったから、道路面には大きな開口があり、大地震ではひとたまりも無く倒壊したと思われる。屋根の大半は黒い能登瓦で不燃であるが、古いモルタル塗り外壁は剥落して下地の木摺板が露出して燃え易い状態となり、ひとたまりもなく全焼したのではないか。それぞれの建物にもう少し耐震性があれば延焼速度は遅くなった可能性がある。また、火災原因は電気系統のショートのようであるが、耐震ブレーカーがあれば防げたのであろうか。また、プロパンガスボンベの爆発とみられる現象もあったようである。いずれにしても建物の耐震性が高ければ延焼範囲や延焼速度を押さえることができたかもしれない。建物の耐震性が必要なことはこんな状況になってみて分かる。

　2016年12月に強風で被害が拡大した新潟県糸魚川市の大規模火災の焼失面積(約3万㎡)を大きく上回っているのは、地震による建物崩壊が大きく影響したと思われる。

　朝市通り地区の北西端の川に近い所に、2軒の木造戸建住宅が建ち、見た目も新しく、木造2000年耐震建築物であろうと思われた。周辺地盤の隆起があっても地震被害を受けていないようだった。外壁の防火サイディングは、炎で変色していたが無事であった。塩ビの縦樋は焼け落ち、サッシの網戸は溶けて、ガラスにも被害があったが、耐震性の高さから地震被害は僅かであり、火災の延焼を免れていた。建物Bの西側にエコキュートと思われる機器が外置きされ、外形は無

被害に見えたが、下部の点検口内の配管類は焼け爛れていた。ポリエチレン管は、その着火温度は349℃である。地盤面上でも火災時の熱はそれ以上の温度で高かったことが分る。

無事であった新築住宅から道路を隔てた南側の旧い木造建物は11.2ｍの距離であったが、それらは全焼していた。塗師の家(旧広井家住宅)の主屋、土蔵、作業屋、門塀の一連の建築群であったが残念である。朝市通りの街並みとして重要なシンボルであり、漆器生産の文化を伝える貴重な存在であった。

2024年6月4日からこの朝市地区の建物の公費解体が始まったが、公費解体には、建物の所有権を持つ全員の同意が必要なことから復旧の遅れの原因となっていた。法務省は264棟が建物としての価値がなくなったとして「滅失登記」をして解体を進めやすいようにしたが、既に5ヶ月の時間を要している。

(近藤一郎)

写真-7　焼失を免れた木造住宅Bのサッシ、網戸の焼失

写真-8　焼失を免れた木造住宅Bの西側の地盤変状

※注記：塩ビの着火温度は455℃、ポリエチレンは349℃、塩ビの燃焼による放熱量は91Kw/㎡、ポリエチレンは85991Kw/㎡。塩ビの耐火性能はポリエチレンより高い。

写真-5　焼失を免れた戸建木造住宅2戸

写真-6　エコキュートの外形はほぼ無傷、下部に内蔵の樹脂配管類は全焼している。

4-4 木造建物の被害

－はじめに－

2024年1月1日に発生した能登半島地震では木造家屋も甚大な被害を受け、多くの生命も奪われたが、丁度3か月目にあたる4月1日、2日とJASOの調査団の一員として輪島市と珠洲市の主に木造建物の被害調査を担当した。今回の調査は主に道路からの目視調査であった為、被害を受けた要因の詳細調査までは至らなかったが、その範囲で被害の要因を探ることを目的とした。更に、木造家屋において、どの程度の被害まで生命を守ることができたかを検証することも目的の一つとしたが、特定の地域や沿道の悉皆調査ではなかった故に、被害状況等の分類による割合などの算出は行っていない。また、地盤の変動、液状化、津波による被害状況については割愛した。

－被害状況と要因－

輪島市河井町26件と珠洲市宝立町7件、正院町8件の被害状況を纏めたものが**表1**、主な要因を纏めたものが**表2**になる。

表1では㋔、㋕、㋖に該当が0となっているが、この分類では形が残ったものは無く㋐の全壊であったと推定される。**表1**で最も該当数が多かったのは㋙の1階の限度残留変形が1/20以上の傾斜にもかかわらず2階がほぼ傾斜が無い状態のものであった（**写真1**）。

表1

	被害状況	輪島市 河井町	珠洲市 宝立町	正院町	合計 (件)
㋐	1階・(2階)が崩壊（ほぼ崩壊を含む）	5	1	1	7
㋑	1階が崩壊・2階は形残り	5	4	3	12
㋒	2階(3階)が崩壊・1階は形残り	2	0	0	2
㋓	増築建物の一方が崩壊・他方は形残り	1	0	0	1
㋔	下屋が崩壊・下屋以外の1階2階とも残留変形が1/20以上	0	0	0	0
㋕	下屋が崩壊・下屋以外の1階残留変形が1/20以上2階はほぼ傾斜無し	0	0	0	0
㋖	下屋が崩壊・下屋以外の1階2階ともほぼ傾斜無し	0	0	1	1
㋗	1階2階とも残留変形が1/20以上	0	0	0	0
㋘	1階(2階)残留変形が1/20以上 2階(3階)はほぼ傾斜無し （ ）は3階建て	7	1	3	11
㋙	1階はほぼ傾斜無し 2階残留変形が1/20以上	0	1	0	1
㋚	1階2階ともほぼ2次部材のみ損傷	2	0	0	2
㋛	ほぼ無被害	4	0	0	4
	合計（件）	26	7	8	41

この場合は地震発生時に1階にいても生命は守られた可能性が高かったと推定されるが、㋑のように2階の形が残っていても1階が崩壊してしまうと生命が奪われる確率は高まる（**写真2**）。㋑のケースは両市とも多く見られた。

写真1

写真2

写真3

写真3は2階の形は残っているが、1階の傾斜が限度を超え2階がズレ落ちている。2階の形が残っている場合の被害パターンとしては次の**図1**、**図2**が想定される。

図1は2階の耐力壁が十分で、バランス良く配置されていて変形が抑えられ、1階柱の横架材との接合も崩壊しない場合で、この場合は1階の崩壊は免れる。

図2のように1階の傾斜が限度を超えると、2階が

地面に対し平行移動し1階の同方向の部分を押しつぶしながら落下する。このことは実物大破壊実験でも、2階の柱が横架材と現行基準の接合金物で緊結されている場合に2階の変形が抑えられて、同様の破壊現象であったことが報告されている。

なお、図3の場合は1階の傾斜が小さくても、2階の耐震性能が低く、変形を抑えられない場合で、2階が1階の傾斜の延長上に傾斜し、2階の柱が横架材から外れ、屋根共に2階も崩壊して直下の1階を押しつぶすパターンである。この場合は2階にいても生命は守れない可能性が高い。

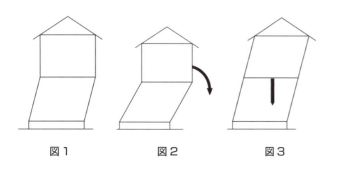

図1　　　　図2　　　　図3

複合要因を含むが、全体的な耐力不足、接合部の脆弱、過去の地震被害の蓄積、地盤の影響は共通要因として、この表では割愛する。

表2からは©の捻じれによる崩壊が多数であるが、都市部の宅地として適する場所が限られている地域柄か、隣の建物と近接している場合が多く、道路面以外の面は開口部が少なく、壁面が多くなっているのに比し、道路面は採光を得やすい唯一の面であることから開口過多となり捻じれが生じたものと推定される。(**写真4**)

表2

推定要因	輪島市 河井町	珠洲市 宝立町	珠洲市 正院町	合計(件)
ⓐ 基礎・アンカーボルトが不適切	2	1	0	3
ⓑ 湿気、シロアリによる構造材の腐食	3	0	0	3
ⓒ 耐力壁配置のアンバランスによる捻じれ	15	4	3	22
ⓓ 下屋付け根の2階直下に耐力壁が無いまたは、2階の角が下屋上に有る	2	1	4	7
ⓔ 既存との接合不良	4	0	0	4
ⓕ 隣の建物による衝突	4	1	0	5
ⓖ ※要因以外の要因が不明	3	2	2	7

地震前　Googleより　　　写真4

また、車庫を建物内に取り込んだ建物も散見され、この場合も道路側の耐力壁が過少の為に捻じれ崩壊を生じさせたと推定される。(**写真5**)　ⓕは隣の家屋との衝突が要因の一つの場合であるが、とりわけ密集度が高い輪島市河井町の国道の南側の住宅地域では、いわば長屋状木造密集地域となっていて、相互に影響しあって被害を増大させたと思われる。(**写真6-1、6-2**)

地震前　Googleより　　　写真5

写真6-1　　　　写真6-2

東京の木密地域では接道が不適合な状態の所謂「アンコ」の問題はあるが、隣棟間隔は河井町の程ではない。避難に支障をきたした恐れがある。要因ⓑの湿気、シロアリによる構造体の劣化も散見されたが、海に面して湿潤な気候にもかかわらず、隣の家屋と近接していて通風が悪いことが要因の可能性がある。

また、シロアリの分布的にはヤマトシロアリと推定されるが、土台や1階の柱脚が食害されていて1階柱が抜けている建物もある。温暖化でイエシロアリの分布が北上している可能性もあり、イエシロアリが好む2階柱や小屋裏の防蟻にも注意が必要である。(**写真7**)

写真7

ⓓの下屋の崩壊被害は下屋のみ崩壊したものと(**写真8**)、下屋の崩壊が母屋の崩壊に繋がったものがある。(**写真9**)

写真8

写真9

写真12　　　　写真13

前者の場合は下屋の付け根の2階直下に耐力壁が無く、構造的な一体性が脆弱で、剛性の違いから下屋がもぎ取られたと推定する。後者の場合は2階の角柱が下屋上に位置し直下の1階柱に応力が集中した為の崩壊と思われる。

図4

下屋部分の補強は下屋の天井裏に構造用合板を張って本体との一体化を強固にする。新築の場合は下屋小屋梁の天端に構造用合板を張り剛床とする。（**図4**）

増築された建物の古い方の建物との接合が脆弱だった為に、構造的な一体性に欠け接続部が崩壊した例があったが、既存と増築部の各ゾーンと全体での耐力壁のバランス良い配置とすることに注意が必要である。（**写真10**）構造的に縁を切るのも一つの方法である。

また、2階が増築されたと思われる建物で、1階との柱の接合が脆弱であった可能性があり、1階は傾斜がほぼ無かったにもかかわらず、2階が大きな残留変形を生じさせたと推定されるものが有った。（**写真11**）

写真10　　　　写真11

無筋コンクリート基礎がアンカーボルト箇所で損傷しているものが有ったが、アンカーボルトの本数や配置が不適切で、アンカーボルに過度の引っ張りが生じ、無筋であったこともあり、基礎が損傷したと推定される。（**写真12**）

写真13は1階の残留変形が大きかったが崩壊を免れた建物の内部被害状況であるが、避難上も家具の固定の大切かが分かる。

－おわりに－

今回の調査では被害の要因は以前から言われてきたもので、目新しい要因は見つからなかったが、最も目についたのは道路面の開口過多による耐力壁不足と、バランス不良による捻じれ崩壊、土台、柱脚の腐食、隣家との衝突であった。これらは、市街地の住宅敷地として適切な場所が限られている地域柄、とりわけ輪島市河井町では建物の密集状態に起因する。

写真14は河井町の密集地域であるが、1街区の面積は概ね1000㎡である。

現況の密集地域には密集ゆえの良好なコミュニティが形成されていたと思われるが、一方、街区の現況建蔽率は第2種住居地域限度80％に近いと思われ、前述の要因を解消するには街区の総建築面積を大幅に減じる必要がある。街区ごとに改修して住み続けられる住宅は残し、その他の住宅は共同住宅化し、空いているスペースはオープンなポケットガーデンを点在させ、住民や市民が育ててゆくコミュニティ施設として利用されることを望むものである。街区の中には、小規模店舗やリモートでの業務を対象としたシェアオフィスなどが加わると更に良く、現況と違った質のコミュニケーション豊かな密集街区が生まれるであろう。

改修して住み続けられる住宅は、街区の総建築面積が減れば道路側以外の面にも開口が取りやすくなり、その結果道路面に壁を増設することもしやすくなると思われる。現況道路面の開口を維持する場合は、間口の長さに応じた構面数の90cmの内部フレームを設け、現しの筋交いや、認定されているFRPグレーチングなどで補強する方法もある。

（鈴木昭夫）

写真14　Googleより

4-5
能登半島地震被害状況　基礎と建物の関係

はじめに

令和6年1月1日に発生した能登半島地震の被害状況において7階建て鉄筋コンクリート造が、ほぼ90°傾斜して転倒した。この状況を見ると結果的には崩壊と言えるが、まさに転倒したと言わざるを得ない。

上部の構造体は転倒によるひび割れは見受けられるが基礎や1階付近を除いては崩れた状況は殆ど無いことが外観より確認することができた。

つまり、建物の上部構造には、それほど問題は無かったのではないかとなると、地盤沈下や隆起などが起因して転倒したか、あるいは基礎(杭)が上部建物の地震動によって耐えられなかったか、などの要因が考えられる。なぜ崩壊や倒壊ではなく転倒したのかを考えたい。

基礎と建物の関係について

次の写真は転倒した建物の基礎が顕わになった状況である。

写真から確認できることは杭と基礎が完全に分離していることである。

基礎杭にかかる力は上部構造の重量や地震時水平力のよる引き抜きや累積荷重を支えるだけでなく、地盤の液状化による杭支持力の低下や横抵抗力の低下によって杭機能が損なわれることによる支持地盤力の低下や横抵抗力が失われることによる検討を行う必要がある。

今回の建物転倒において気になる点は杭と基礎は完全に分離されていることである。通常、杭と基礎は鉄筋により一体化されている。下図は杭頭処理の一例である。

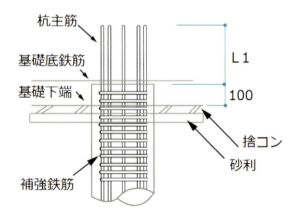

しかしながら、前景の写真で確認できることは杭と基礎を繋ぐ鉄筋の存在が殆ど確認できないことである。わずかに細い鉄筋が数本確認できるが、充分な杭頭処理をしていないことが伺える。

転倒の本当の要因はなにか

前述の杭頭処理の問題だけが転倒の要因だろうかと考えると、倒れこんだ木造家屋側の地盤沈下あるいは液状化による杭の損傷で転倒したとも考えられるが、現状では何とも言えないため、調査結果を待つこ

とにする。

　少なくとも杭と基礎が通常の方法で緊結されていればこれほどの被害にはならなかったのではないかと思われるが、複数の要因が原因で転倒したようである。つまり、本当の要因は解明を待つしかないということである。

転倒を防ぐための対策

　まずは地盤状況を正しく把握するための調査を充分に行って、液状化が予想された場合は地盤改良などを施すことが重要であることや、杭先端が支持地盤まで到達していることを確認する必要がある。

　その上で、杭と基礎を一体化させるために杭頭補強をしっかりとすることが重要であることを思い知らされた。

　以前にも問題となった横浜の新築マンションの沈下問題も記憶に新しいが、構造設計だけでなく、施工側にも問題意識をもって対応することが重要である。

終わりに

　日本の国では何処にいても絶対に安全な場所は一つも無いと思う。いつ、どこで、どのような災害が発生し被害に遭遇するかは誰にも分からないと言うことである。自然の力の大きさが計り知れないことは理解できても自分に降りかかってきたときの対応や対処が何処まで冷静に判断し対応ができるかと考えさせられた。

　日本をはじめ諸外国においても地球全体が活動期に遭遇している今、どうしても避けられない災害とどう向き合って何ができるかを真摯な気持ちで立ち向かっていかなくてならないと感じた。

（白石健次）

4-6
能登木造伝統構法　石場建て これからの風景

今回の能登半島地震は1981年以前の建物が多い。古い木造建物でも場所、手入れによっては地震に耐え人命を守ることが出来た。私たちは事前に備えれば、人命、建物を守ることはできる。しかし自然の力に抗う対応は危険である。能登半島地震では、津波に関しての報道はほとんどされなかった。

私たちが現地に入った4月時にはすでに道路上から瓦礫の山は、迅速な消防,自衛隊等の尽力により撤去されていた。

石川県道6号（宇出津町野線）沿いの集落　2024.9.15撮影

市町別の被害認定内訳（罹災証明）

珠洲市 住家被害	調査棟数	罹災証明
全　壊	5326	1638
大規模半壊	754	382
中規模半壊	780	470
半　壊	2281	972
準半壊	1756	872
一部損壊	4273	1023
計	15170	5357

※調査棟数、罹災証明とも住家のみの件数
※罹災証明の一部損壊は無被害含む

2次調査申込件数　2860

輪島市 住家被害	調査棟数	罹災証明
全　壊	3960	2094
大規模半壊	841	573
中規模半壊	1112	825
半　壊	2452	1765
準半壊	2254	1646
一部損壊	4201	2654
計	14820	9557

※調査棟数、罹災証明とも住家のみの件数

2次調査申込件数　3095

※住家のみの件数

出典：「能登」春55号

珠洲市宝立町鵜飼　津波被害状況　2024.9.15撮影

珠洲市の住宅を4月に視察した際、外観に異常はなかったが、家主は「家は守られたが家の中は大変」と話されていた。津波、押し波の漂流物による建物被害は生垣などで守られたが、引き波の海水により家中に浸水した。記録された動画では、他の建物で押し波による建物被害の様子も見受けられた。

視察時に確認した浮き上がったマンホール,電柱は、旧工事埋め戻しの砂による液状化の影響と思われる。液状化現象が予測される地域では埋め戻し砂の仕様を再考すべきである。2024.4.2撮影

自然災害の中で、逃げるしかない津波・予見出来るが現実的には辛い山崩れ・土石流等の複合災害を除き、地震は事前の対策を行えば被害を最小にすることができる。被災後のグーグルストリートビューで建物を見ると、震源地上の岩盤地域ではほとんど耐えることが出来た集落もあった。

能登の複雑な地盤にもよるが、固い地盤の上での伝統的な柔らかな伝統構法「石場建て」を中心に、壊れなかった木造建物を中心に考察してみたい。

震源地 珠洲市 壊れていない建物,石場建て
板戸,能登瓦,床下　2024.9.15撮影

4月の視察では、地震・津波による被害状況の詳細を知ることはできなかったが、東京から3年前に移住した珠洲市在住の床井氏への現地視察時聴き取り、提供いただいた写真も含め、今回の能登半島地震での揺れ等を理解する機会を得た。心のこもったおもてなしを受け感謝しきれないほどありがたかった。この場をお借りして御礼申し上げます。

珠洲見附島前　床井氏による体験談 2024.4.2 撮影

また、9月13～16日に珠洲市を中心に再度JASOメンバー数名と共に視察を行った。その際の写真も含め、本内容に使用している。

1.「海の道」珠洲焼と「船大工」の技術

仮説ではあるが中世大陸とも地理的に近く、海上輸送と共に多様な技術の交流が行われ、港での修理の際に船の技術が伝播したのではないか。台風でも耐える柔軟な船体が、荷と共に命を守る船大工がいたことが十二分に想像出来る。

石川県立歴史博物館所蔵：北前船模型
江戸時代から明治時代にかけて航行していた木造の和船

中世の時代、日本海航路の中継点としての能登半島物流を介した交流の中で「珠洲焼」は生まれた。大型焼き物で割れやすい壺等は、不整備な陸路ではなく海上輸送、大量輸送が可能な木造船により運ばれた。日本海の荒波「海の道」が北陸地域全体の流通文化を形成した。「能登瓦」もまた重量物であるが故、船での輸送が可能な範囲で広がりを見せた。

珠洲焼の古壺　　　　補修用に保管された能登瓦

加越能三ヶ国図（江戸後期）　　銅器会社の鳳凰屋根飾
出典：北陸道―江戸時代図誌　出典：石川県立歴史博物館展示案内
12, 筑摩書房

大型木造船の優れた技術は、江戸時代加賀藩前田家の下で日本海航路の荒波の中を輸送する「北前船」の技術として定着した。

2. 江戸時代 加賀藩前田家の木材

黒丸家住宅 主屋（珠洲市）国指定重要文化財
石川県下で最古の民家（江戸前期 1615-1660）2024.9.14 撮影

江戸時代の木材は、尾張藩では木曾五木の停止木制度で、俗に「木一本、首一つ」と言われた程、木材は防衛・環境等含めた大変重要な資源であり保護することも怠らなかった。加賀藩前田家の治世も厳しく、藩有林、私有林問わず一切の立木の伐採利用は藩の許可を必要とし、「七本の制」の良材を藩の支配下に置く中で漆の木の植林等を奨励した。「輪島塗」産業、沈金の技法等を開発させ、行商に見本を持たせ注文販売した。武家・寺・庄屋・商家・民家等で使用する柱の太さも決まっていて大変厳しく管理されていたようである。

上時国家住宅 主屋（輪島市）国指定重要文化財　　地震前の主屋
（江戸末期 1831）2024.9.15 撮影　　　　　　　文化庁 HP

時国家（輪島市）国指定重要文化財
（江戸中期 1701-1800）2024.9.15 撮影

ひがし茶屋町（金沢市）2024.9.13 撮影

江戸時代に建てられた奥能登に残る貴重な大型の茅葺民家を9月に視察した。貴重な太い構造材により、倒壊を免れた建物も確認できた。

3．明治以降「能登大工」

明治の廃仏毀釈等の変化の中、力のある商家は金沢・高山等で伝統構法の大きな木造建築を多く建てた。雪に耐える大きな構造材と、免震伝統構法「石場建て」木造建築を金沢・高山へと伝播し、昭和頃まで雪国の技術者集団としても、優れた能登大工は各地で活躍し技術は継承された。しかし、今、技術者は失われている。

4．伝統構法木造建築物の現状と今後

善慶寺（珠洲市）本堂　2024.9.15 撮影

1968年十勝沖地震により鉄筋コンクリート造は大きな被害を受け1981年の新耐震基準となったが、伝統構法木造建築物は2000年の建築基準法改正で導入された「限界耐力計算」により確認申請が可能となっ

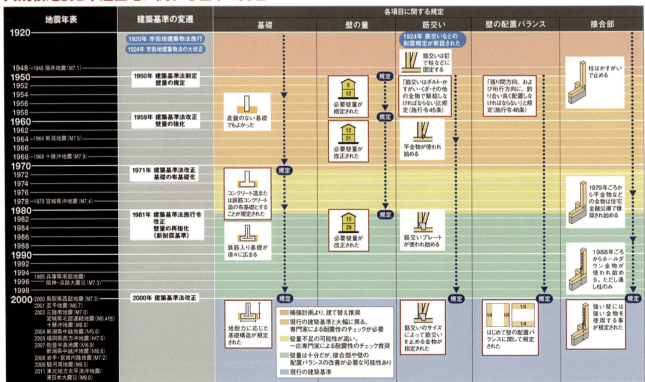

出典：日経アーキテクチュア 2016年6月9日号

た。一方2007年の改正で小規模でも構造計算適合性判定が適用された。伝統構法の建築物にも活かしてほしい。

　能登半島地震による建物倒壊原因の一つとして、木組み伝統構法の柔構造に対し、剛の増築部分による影響が見受けられる。古いから壊れたのではなく、柔らかくしなやかなバランスの良い免震構造の能登「石場建て」伝統構法を正しく継承してほしい。それぞれの変形性能を活かし、個別の変位を考慮した増改築等が必要である。

善慶寺　2024.9.16撮影

石場建て

善慶寺　2024.9.15撮影　　増築部 鉄筋コンクリート基礎
　　　　　　　　　　　　既存部との間にすき間（Exp.j）

　集落のキリコ製作に関わっている宮大工、大型山車「デカ曳山」をキリン（ジャッキ）で上げて手早く安全に回転させる伝統的な能登鳶等の技術者を失いたくない。地方の伝統的な建物は古材や半丸太等が再利用されている事が多い。土台、大引き等には腐りにくい丸太が利用されている。乗光寺床下でも既に古材が使われていた。床下等に保管された古材は、応急処置時にも大いに利用された。これからも伝統的な構法・担う人々・知恵は、日常の中で文化として継承されてほしい。

5. 伝統工法「石場建て」曳家による早急な復旧

　乗光寺（珠洲市飯田町）は明治に建立された伝統工法木造建築物である。修繕方法、地震発生前後のソフト面も含め、復旧に至るまで奇跡的な建物である。地震発生直後に工事に着手できたのは偶然だけではなく、少子高齢化が全国でも最も早く進む中、平常時から都市部を含む多方面のネットワークがあり、若い世代に対しても開かれた場の提供があったからに違いない。人、建物の復興の姿が見えた。

　基礎部が伝統構法の「石場建て」であったため、岐阜県の復旧技術者により嵩上げ・移動工事が進められている。床下でのジャッキアップ等、早急な応急工事により倒壊を免れた。今では少なくなった日本の技術「曳家」により元の位置に戻される。

善慶寺　2024.9.16撮影

善慶寺　2024.9.16撮影

6. 柱脚部と建物の倒壊

　總持寺祖院山門等の建物の基礎部分は、下から基壇部分・礎石・礎盤の構成となっており、上部建物と基礎部分が絶縁している。その為、地盤の揺れに対し建物が連動せず、免震が働いたと考えられる。基壇の基礎構法は、古い土蔵等の地業にもみられるが地面を一定の深さまで掘り下げ、砂と粘土又は漆喰等を何層にも相互に突き固めて盛土した構法（版築）と思われる。

總持寺（輪島市）手水舎 柱脚部のほぞと鋼製ダボ等あり 2024.4.1 撮影

　輪島市黒島町は1684年に徳川幕府の直轄地となり、伝統的建造物群保存地区に指定されている。国指定重要文化財角海家住宅には、最盛期北前船7隻、敷地内には船大工小屋もあった。

　2007年能登地震で修復された角海家住宅と正面の若宮八幡神社石造の鳥居が震度7で倒壊した。海岸際は地殻変動で最大3.9m程隆起した。

　2008年6月の修復工事で立派な美しい鳥居の柱脚芯（写真右下）には鋼製ダボが埋め込まれた。さらに少し上がった中腹の斜面上海岸より100mに位置する木造鳥居は、浮き滑りによる移動で耐えた。

若宮八幡神社 石造鳥居柱脚部 鋼製ダボあり 倒壊

若宮八幡神社 木造鳥居柱脚部　浮き滑りで耐えた
出典：YouTube 中日新聞デジタル編集部 能登半島地震

　柱と土台と基礎を鋼材で緊結することは、戦後の基準法により新しい手法として用いられているが、今回の視察時でも倒壊している箇所が見受けられた。

　鐘つき堂に象徴されるがバランスが重要である。

住吉神社　地震前 Google ストリートビュー

住吉神社（珠洲市）石柱柱脚部鋼製ダボあり 倒壊 2024.9.15撮影

松尾神社（珠洲市）柱脚部　ほぞあり　2024.4.1撮影

専念寺（珠洲市）鐘つき堂柱脚部　2024.9.14撮影

須受八幡宮（珠洲市）柱脚部　2024.9.16撮影

　全体的な被害状況を把握できていないが、能登では柔と剛の混在する伝統的建物は、地震被害からも倒壊する重要な要素と思われた。しかし伝統構法の木造の柔軟さは「限界耐力計算」解析により現代の木造技術を自由な形へと応用されている。その技術を今また伝統構法へ繋げてほしい。

7．能登の風景

　奥能登に地産地消の農山村漁村民宿、約30年前頃から唱えたグリーンツーリズム、更に少子高齢化が進む中で生まれた「民泊」、伝統的な空き家民家での再生事業がある。民家再生時に必要な瓦、倒壊した建物の瓦は貴重である。厳しい環境に適した耐候性のある重く大きな「能登瓦」はすでに廃業し生産されていない。遷都の多い時代、瓦や柱等建築部材は全て運び再利用されていた。新しい建物でも時間を継ぐ能登瓦の再利用は魅力的である。

　瓦を廃棄物とせず、昔から補修のため瓦を庭先などに保管する事が慣習であったように、寺社仏閣伝統的建物等の補修用に、手遅れになる前に早急に保存支援体制・保存制度等を確立してほしい。

　積み重ねられた時間を持つ奥能登瓦は二度と戻らない。地域性のない新しい復興住宅だけの能登でなく、能登の景観をつくってきた民家と共にあることが大切な復興ではないか。

珠洲市宝立町　海沿いに建つ住宅　2024.9.15撮影

　建物の耐震基準は過去の地震被害データでの資料によるものが多い。30年前JASO創設メンバー三木哲氏らにより1995年1月「被災した集合住宅」壊れた・壊れなかったマンションは今私たちが知りうる基本的具体的な被害を受けた建物の事項・要因を目視確認する事ができ、今後の震災に対する建物の被害予見資料となった。

　過去を遡っては、戦時下の報道管制「隠された地震」と言われる1944年12月東南海地震、37日後の1945年1月の三河地震がある。80年前の伝統構法等をはじめ被災状況による資料があれば、東南海地震の重要な予見資料にもなったであろう。

　木造伝統構法・石場建て建物が安全である見通しが示されていれば、建築基準法制定から2000年の伝統構法の見直しまで約50年待つことも無く、技術は正しく継承されたであろう。

8. 阪神淡路大震災以降 耐震化された建物

　珠洲市10の行政単位にあった郵便局舎の耐震化は1994年からの郵政民営化の変革協議と共に、1995年1月の阪神淡路大震災、同年12月「建築物の耐震改修の促進に関する法律」の施行により、多数の者が利用する特定建築物の耐震診断、耐震改修を努力義務とした規定により進んだ。郵政民営化2007年以前よりあった建物は、新耐震基準により建替え等が進み、市内にある宝立郵便局は2003年頃新築された。

珠洲市内の郵便局　Google mapより

　珠洲市内の多くの木造平屋建て郵便局は、今回の地震で構造的にほぼ耐えた。電力・通信の不安定な供給、道路状況等復旧の中、コンビニ以上に数の多い郵便局が1月末頃から機能したようである。2月末からは郵便物等の配達が順次再開された。物流の社会の変化は激しいが、少子化の中でも昔のように郵便小包の米袋、林檎箱、みかん箱が農山村漁村と都市をつないで全国隅々まで広がるネットワーク、今でいう「産直」が社会基盤として重要であると感じた。今後、益々行政サービスも付加し、公的な最小単位地域基盤として機能してほしい。

　珠洲市160集落の集約化が進む中でも公民館単位と共に配置された郵便局ネットワークが維持されたことは、建物の耐震化の重要性が正しく示された。能登らしい環境に即した風景の一部であって欲しい。

珠洲市内の郵便局
2024年9月撮影

9. 能登の祭り　曳山(ひきやま)キリコ

　鵜島海岸・見附島を望む場所、津波被害により赤紙「危険」とされた巨大な建物の中に珠洲「デカ曳山」があった。祭り当日に荒波の中を陸に上がった千石船が、大きく帆を広げ派手な祝い旗をなびかせ、集まった人々から祝福されたあの日を想いながら、静かに休んでいるように見えた。

珠洲デカ曳山　2024.9.15撮影

　高さ18m、重さ約20トンの巨大なデカ曳山運行には、万が一の場合の為に製作者・鳶職を始め各技術者が見守っていたはずだ、地域の結束、協働の中で生まれた祭りだ。

出典：珠洲デカ曳山保存会HP

珠洲デカ曳山　2024.9.15撮影

寺家キリコ祭り（珠洲市）　2024.9.14撮影

　9月の視察時には、キリコ祭りが開催されていた。キリコとは祭りの夜の先導役として発展したキリコと呼ぶ高さ約15mの巨大な行灯で、神輿の前後にキリコがついて夜通し巡行する、江戸時代から続く神事である。キリコは豪華な建築で、大工,指物師,彫刻,漆塗り職人,金箔梁職人等、地域ごとに異なる様々な意匠が施されている。

正院キリコ祭り（珠洲市）　2024.9.14撮影

　飯田町（珠洲市）のキリコ小屋で祭りの準備をしている方にお話を伺った。飯田地区にも漆塗屋が以前は3軒あったそうだ。キリコの制作・修理は各地区の宮大工・船大工を中心に競い合い、また縁が繋がっていった。キリコ祭りの日程は7月初めから9月末まで、地区ごとに日程を分散させて開催されている。お互いに技術交流しながら、それぞれに魅力的な誇りある特徴的な祭りとなり、多種多様な技術者育成のきっかけとなったのだろう。

飯田燈籠山祭り（珠洲市）　2024.9.16撮影

キリコ小屋への片づけ作業の様子　2024.9撮影

　珠洲市視察中にも感じたが能登は紙が湿気るほどの高湿度である。漆の乾燥には適した気候ではあるが、漆を塗ったキリコはカビが生えないよう、キリコ小屋を開けて風を通すことが日常的に行われている。

蛸島キリコ祭り（珠洲市）　2024.9.14撮影

　キリコを担ぐ「若連中」とは‥お聞きした。胸をたたいて「気持ちはね、昔は高校生だけで担いだものさ、それほど大勢いたんだ。」納得した。この時期、帰省する家族も含めて人が2倍以上に増えるという。

　各地区で高校生ぐらいの若者が、同窓会のようにキリコの手入れ等に参加していた。人と人をつなぎ育てる祭り、各地区の若者が夜通し熱狂する姿を応援することも復興だろう。

出典：石川県立歴史博物館 展示案内　　寺家キリコ祭り（珠洲市）
　　　　　　　　　　　　　　　　　　若連中　2024.9.14撮影

10. これからの風景

　私達は壊れなかった建物から学び、今後の震災に活かさなければならない。液状化・朝市の火災等の地域的な災害が取り上げられたが、地震・津波による被害の情報が曖昧のまま今日に至っている。

　2005年に廃線となった「のと鉄道能登線」沿いの景色は寂しい。文化庁日本遺産に認定された「能登のキリコ祭り」「奥能登国際芸術祭」の文化的な賑わいとともに能登の景観を残してほしい。奥能登では全壊建物の解体も進まず、希望なき不安が広がっているのではないだろうか。

　近年の地震を振り返ると、熊本地震は耐震性のある木造建物では、倒壊をほぼ防ぐことが出来る地震であった。平成7年（1995年）阪神・淡路大震災では冬の早朝に発生したため、火災が被害を大きくし、平成23年（2011年）東北地方太平洋沖地震では、津波による被害が大きかった。私達は地形変動の中で起こる大地の営みの中で生活し「自然の力」に抗うことはできない。建築は自然環境から人を守ることが基本であり、中越地震地盤変状の造成宅地被害を決して忘れてはならない。自然に畏敬の念をもち、いつ起こるか分からない災害に手遅れにならないよう行動することである。地震だけであれば人命を守る建物にすることができる。

（鯨井勇、坂井里江）

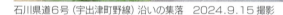

珠洲市内　2024.9.15撮影　　　　　　　　　　　石川県道6号（宇出津町野線）沿いの集落　2024.9.15撮影

珠洲市内　2024.9.15撮影

宝立町（珠洲市）津波浸水域 津波が通り抜けた建物　2024.9.15撮影

4-7 寺院建築の被害について その他木造建築の工法の考察

　能登半島地震被害の特徴として特に私の目に留まった状況について報告する。多くの木造建物が被災したが、ほとんど無傷で残った建物とそうでない建物が混在していること、について特に注目すべきところがあると思う。ここでは寺院の被災状況から民家の被災状況、復旧・復興について順に記述して行く。

寺院建築（伝統工法）について
真宗大谷派善龍寺

写真-1　善龍寺正面

　まず初めに、輪島市朝市の大火に襲われた一帯のすぐ隣にありながら延焼を逃れた、真宗大谷派善龍寺について報告する。本堂は堂々たる伝統工法による木造建築であるが、本堂が倒壊を免れているのに対し、その両側に建てられていた庫裏や水場の下屋が倒壊していた。

　本堂を背後から見るとわかるが、本堂の建屋は、壁が傾きながらも形状がなんとか維持されているのに対し、本堂の左右にあったはずの庫裏と水場の下屋のフォルムを見ることはできない。それぞれ倒壊して残骸と化している。

写真-2　善龍寺裏面

写真-3　善龍寺内部

　本堂の内部を見てみる。被害状況は、柱の傾斜はあるもののその角度は僅かである。床の剛性もしっかりしており、構造体の柱・梁も形状が維持されている。詳しく調べたわけではないが、修復可能と考えられる。

　しかしこれに対して庫裏は完全に倒壊している。入口のコンクリート製の階段や高基礎が残っており、庫裏は近世に在来工法により建てられたものと分かる。本堂の被害が軽いのに比べ、年代の新しい庫裏がこれほど完全に崩壊している状況は一見不釣り合いだが、その理由は、本堂と繋がっていたためと思われる。

写真-4　倒壊した庫裏　　写真-5　本堂と庫裏の接続部か

　本堂との接続部分が崩落しているので断定的なことを述べるのは憚られるが、本来はこの部分は本堂よりいくらかの距離を置いて建設されるべきところである。しかしここでは風雨を避けるために屋根や壁が相互に繋がり、構造体が接触していたのではないだろうか。本堂が伝統工法であるから大きく揺れる。その時の水平方向の圧力に対抗することができず、ボリュームの小さな庫裏は、その圧力に負け、結果として構造材が破断し押しつぶされたのではないかと想像される。

　また、本堂の左側に増築されていた水場（トイレ等）も倒壊している。増築された部分の壁は崩壊し、下屋は落ちている。コンクリート基礎にアンカーボルトで土台が留められているため、この部分も在来工法によるものである。庫裏と同様の現象の中で、本堂の揺れに対応できず、在来工法により堅く固められた部分が崩壊したものと思われる。

写真-6　築部分は在来工法である

　一方で同じ境内にありながら、本堂と距離を置いていた建物は、地震に耐えて健全な状態にある。庫裏も若し離れて建っていたなら倒壊はなかったかもしれない。もちろん構造自体が極端に脆弱であった可能性はあるがそれは分からない。

曹洞宗本山總持寺　経蔵

写真-7　経蔵

　次に、曹洞宗本山總持寺について記述する。写真は1,745年建立の経蔵である。伝統工法による堂々たる建築物である。今日まで周囲に増築はなく、左右対称のシンプルな形状が地震に対し幸いしたものと考えられるが、この経蔵はほぼ無傷であった。

　経蔵の構造は、今日の一般的な在来工法と異なり足元は固めていない。基礎石の上に柱を載せているだけである。柱は横に架ける貫の構造材により固められているが、柔構造を構成し、免振として働くものと考えられる。地震時に左右に揺れたため白塗りの塗壁には小さな亀裂がみられる。しかしひび割れの被害だけで済んでいる。左右に大きく揺れた後に構造の持つ復元力により元の位置に戻ったものと考えられる。

　内部に納められる八角輪転蔵も、華奢な構造体であるにもかかわらず無事な様子である。この小さな構造物も足元は固められていない。地震力に対して強い力で対抗したものではない。

写真-8　小さなひび割れが見られる　　　写真-9　八角輪転蔵

同　芳春院

写真-10　倒壊した芳春院

　経蔵と比較されるのがこの芳春院である。建物は完全に倒壊していた。

　芳春院の構造形式は不明であるが、複雑な平面形状をしていたのではないかと思われる。仮に近世に建てられたものとすれば、耐震設計に問題があった可能性がある。旧耐震の時代に建てられたものであれば、耐震診断を行い、適切に耐震補強をしていればこのような倒壊はなかったものと思う。

同　山門

写真-11　山門

　総持寺山門は近代になりこの場所に移築されたものである。大きな地震力を受けたにもかかわらず現況

で本体に傾斜は残っていない。構造体は健全である。しかし地震時に脱落した木格子や羽目板により、この建物が大きく揺れて一時的に変形したことが見て取れる。改めて伝統工法により建てられた寺院建築は地震に強いことを再認識させられる。

写真-12 羽目板の仕組み

　山門の柱の腰の部分を見ると、固くではなく緩く留められている仕組みが分かる。

　地震力に対抗し、柔構造を形成するために、腰部分はこの羽目板により必要な量だけの剛性を確保するに留めている。全体の構造は、貫の構造の耐力により地震力に対抗している。重たい上部構造が免振の重りとなり、よくバランスさせて柔構造を構成していると感心させられる。

同　鐘楼

写真-13　鐘楼

　山門の左手に位置する鐘楼はほとんど無傷であった。基壇を構成する石組みの一つが外れているので、この建物の地盤も大きく揺さぶられたことが分かる。だが大地震に対抗し建物に目立った損傷は見られない。

同　回廊

写真-14　わずかに歪が残っている　　**写真-15**　倒壊した回廊

写真-16
三角形の制震金物が取り付けられている

　寺院建築が地震に強いことが実証されたわけだが、ここからは、これらの寺院建築をつなぐ回廊について述べることにする。

　写真-14は前出の山門と鐘楼の間にある回廊である。地震力を受けたダメージは、両側の建物には現れず、より小さなボリュームの回廊に歪となって出現している。

　ところが、山門と庫裏との間をつなぐ回廊（回廊を含む小建築群）は完全に倒壊していた（**写真-15**）。この回廊は近年に再建されたものであり、基礎はコンクリートで造られ、土台がボルトで堅結されている。伝統工法によるものではない。耐震設計がなされたものと思うが、なぜ倒壊に至ったのだろうか。断定はできないが、原因は、おそらく異種構造の建築物が不用意に接続されていたためではないだろうか。

　同寺の回廊については別の問題も指摘されている。

　同寺の他所の回廊を見ると、梁と柱との接続部分に新しく考案された制震金物が採用されていた（**写真-16**）。残念ながらあまり役に立たなかったと考えられる。

　詳細が分からないが、今日の常識的な見方では、まず第一に異種の工法を採用するなら構造体を分離すべきだったのではないか。倒壊した部分は両側を山門と庫裏に挟まれており、相対的に華奢な架構のために、その両側の頑強な建築物に挟まれてつぶされたものと想像される。接続部分は、たとえ小さな雨除けのようなものであっても力が伝わらないように入念に注意を払うべきだったと思われる。

意欲的な新技術は進歩を促すものだが、良くも悪くも大地震こそが実証実験となり次の時代につながるものである。この教訓は今後に生かされるものと願う。

写真-17　　　　　　　　　　　　　写真-18

写真-17は同寺の他の回廊である。大きな建物に工夫もなく接続されたために、その接続部分に歪が残っている。

写真-18は標準的な接続部分を表している。本来はこのようにすべきである。屋根・壁を連続させずに高低をもって互い違いにし、構造体が直接つながっていなければ、地震力を受けても被害はこの部分だけで済む。左右の構造体は無事である。

同　閑月門

写真-19　閑月門

写真-19は華奢な構造の同寺の閑月門である。片側の柱が塀に繋がっているために、揺れに対して塀の拘束があり、結果として柱は傾いてしまった。仮に閑月門が塀から少し離れて建てられていた場合、被害はどのようなものであっただろうか。単独であればむしろ早期に崩壊した可能性もある。

＜考察と提言＞

これまで寺院建築を見てきたが、建築基準法では、そもそも異種の構造方式による建物は接続しないことになっている。これは、伝統工法による本堂と、在来工法による庫裏についても、水場の小さな増築においても同じである。

しかし、実際の寺院建築はどうだろうか。我が国の他の地域の寺院も、実はここで取り上げた善龍寺や総持寺に類似した状況にあるものが多いのではないだろうか。

善龍寺のように利便性のため本堂の脇に水場を設け、渡り廊下、庫裏などが接続され、また同様に、雨風を避けるためという実用上の要望のために、あるいはごく小面積と言う理由で、構造的に深く考察さないままの状況が津々浦々に存在しているのではないだろうか。また、曹洞宗総持寺の回廊のように、異種構造の回廊の不用意な接続があるかもしれない。認識されないままの異種構造の入り交じり状態があるかもしれない。

しかし、宗教施設である寺院には公的な耐震助成の手は差し伸べられない。これらが的確な助言を受けることなくおざなりに放置されている可能性がある。ここは、寺院であったとしても公的な理念に立ち、たとえば、専門家の派遣などの働きかけがあると状況は改善されるのではないかと思う。

在来工法の耐震性能について

写真-20　新しい時代の在来工法　　　写真-21

これまで木造建築のうち寺院の伝統工法について記述したが、次はここまで比較対象としてきた一般住宅の在来工法について記述する。

写真-20は、周囲の建物がほとんど倒壊している中に、この家屋だけがぽつんと生き残ったものである。新しく建築された在来工法の住宅である。

想定より地震力が大きかったために筋交いが1本破断し、サイディングが剥がれたが、結果的に十分に耐震設計の責任を果たしたものと思われる。

筋交いは上下とも金物で緊結されており、筋交いのうちの1本が圧縮時に外部に膨らんでサイデングを破壊し、引っ張り時に限界がきて破断してしたもの。設計限界までよく頑張ったという好例である。

写真-22　古い時代の在来工法は崩壊している

しかし、在来工法であっても崩壊している建物がある。写真-22は古い年代のもので、筋交いに金物での拘束がなく、このため大地震時には大きく揺れて筋交いが外れてしまう。2000年を境としてそれより古い建物には耐震性能に大きな差があるが、このことはまだ広く知られているとは言えない。

消防団の車庫

写真-23　消防団の車庫　　写真-24　写真の○印中に基礎の割れとアンカーボルトの外れた様子がある

地域の消防団の車庫である。消防用の重要な建物であれば十分な耐震性能を付与すべき対象であるが、地震により入口の張り出した部分に歪みが出てしまった。よく観察すると、この建物の耐震設計に少し問題あったことが分かる。

写真-24。入口の張り出した部分の基礎は一体成型ではなかった。この部分は張り出しているために特に大きな揺れを受けるが、基礎のコンクリートがそこで割れたために、その上に乗る壁が崩れ、結果として下屋の全体が歪んでしまったと考えられる。なお、この時の地震力の大きさは、基礎からアンカーボルトが飛び出していることから伺える。大きく揺れて建物本体が飛び上がりアンカーボルトから外れたものと思われる。

能登の被害状況において、個別の耐震性能の優劣が可視化されている。

写真-25　　　　　　　　　　写真-26

写真-27　　　　　　　　　　写真-28

次に、能登の被災地域をあちこち回ってみて、その結果強く感じられたことを記述する。

写真-25。2棟の家屋があったが、左の家屋は無傷であり、右の家屋は崩壊している。これは、耐震性能の優劣の差は小さいものではなく絶対的に大きいことを表している。地震に遭わなければ分からなかったが、無残にもその差が可視化されていると思う。

写真-26は、同一街区の中に、崩壊した家屋とほぼ無傷の家が混在しているところである。左側の家屋は1階が崩れその上に2階が乗っている。右側の手前の家屋は倒壊し残骸となっている。しかしその奥の家屋はそのまま建っている。耐震性能には優劣があり、可視化された状況である。なおこの地域は津波被害も受けているが、津波被害は地震被災の後にダメージがより拡大されたものと思われる。

写真-27は、廻りがすべて倒壊している中で、この2階建てだけが生き残ったもの。手前の廃材の山は、道路復旧時に倒壊した家屋の残骸を積み上げている。この2階建ての耐震性能がすぐれていたためである。

写真-28は、倒壊は免れているものの、左右の家屋の耐震性能の差がダメージの差になって表れている。左右の家屋はいずれも下屋の凸部の張り出しを持つ形状であるが、左の家屋により大きな被害がある。この差は耐震設計の優劣にあることは自明である。その優劣が可視化されていることに他ならない。

これらをまとめると次のようになる。

我々は、地震被害について、地盤が軟弱だとか、液状化とか、特に強く揺れたとか、いわば場所の属性によって、その大小を表して来たかもしれない。確かにその側面はあるが、しかし、実際にはその建物の持つ個別の属性としての耐震性能の差で、生き残るか、崩壊するかが決まることが多い、その差は甚大である。

この状況を、能登半島の被害状況はよく表していると思う。同じ街区の中で、隣り合う家屋の間でも、倒壊する家屋と生き残る家屋の対比が見られた。

ここには教訓があると思う。誰しも自分の所有する家屋の耐震性能を気にせざるを得ないと気付くようになるだろう。

復旧・復興について

最後に、現実的課題である復旧・復興について述べたい。

ここ能登半島において被災した家屋のうち、復旧の可能なものは残念ながら多くないと考えられる。街のコミュニティが失われていれば、生活は成り立たない。単体での復旧はあまり意味がないと感じられる。仮に公的支援を受けられるにしても、地域経済や人口過疎から見て、復興はさらにたいへん難しい課題である。

寺院について言えば、宗教建築は公的な支援はなく自力で復旧の方法を探ることになり、地方の財力のない寺院は遺棄される可能性がある。まして復興となると困難さばかりが思い起こされるところである。

私はかつて仙台塩竈の復旧工事に携わった時、補助金を得て設計を行った。しかし当初描いた設計は年月の経緯とともに見直しが必要となった。様々な変節もあった。そうして実際に13年を経緯して思うのは、建屋の復旧が直接的に復興につながるものではないということである。復興は何よりも時間を必要とする道のりであると思う。

我々には、かつて東日本大震災を経ての反省がある。復旧・復興を一大事業としてとらえ、結果としてずいぶん方向違いの事業や、後になってみると無駄になった支援事業を行って来たかも知れない。さらに能登半島においては、今日までむしろ自然発生的に生まれてきた集落であり家屋であるから、ここにおいて人の感性は揺れ動き、今後どのように復旧すべきか、支援すべきかの判断は非常に難しいことが想像される。復旧・復興は長い時間を要する道のりであることを鑑み、一般に行われる短期での支援事業ではなく、長期で行うべき事業であることを考えに入れたい。

（三島直人）

能登半島地震における木造基礎被害について

はじめに

　某区の木造耐震判定員として活動しているが、令和6年1月1日に発生した能登半島地震の木造被害状況を目の当たりにしてみると、診断者が如何に耐震診断の結果を正確に判断しているか、また、診断結果として何が不足しているのか、あるいは何をどのようにすれば大地震に耐えられるような建物になるのかが重要であると感じられた。

　能登半島地震の被害状況は数多く発表されているため、少し違った目線でとらえてみたいと思う。

基礎と建物の関係について

　木造建物だけではないが、基礎（杭基礎含む）があり、その上に土台や柱、梁、耐力壁、筋かい、屋根などで構成されているが、どれ一つを取っても重要な要素であることは言うまでもない。

　次の写真は基礎が崩壊して建物の倒壊につながったと考えられる。おそらく無筋コンクリート基礎であった可能性が高い。

　確かに地盤沈下や液状化による沈降によって引き起こされる破壊現象はごく当たり前のように思われるが、本当にそれだけが問題とも思えない。他の方法で対応していれば倒壊や崩壊は免れたのではないか。

　そのあたりをもう少し対応策を考えて見たい。

建物に適した基礎や地盤

　できれば軟弱地盤や液状化現象が起こるような場所に建物を建てない方が良いと思うが、それぞれの地域の状況によって建てざるを得ない場合がある。

　能登地震での被害では、地盤沈下や液状化によって引き起こされた事例は少なくない。

　つまり、建物の種類や大きさ、あるいは構造種別によって見合った地盤を構築する必要がある。例えば地盤改良であったり、杭打ちを施したりすることで始めて基礎を設けることが出来るのである。

　それでも、絶対に大丈夫とは言えないが、大きな被害を防ぐことができると考えられる。

基礎の変遷

　木造の基礎種類は多種多様で年代とともに様変わりしている。次の表は年代別の基礎の変遷及び地震と法改正を示したものである。

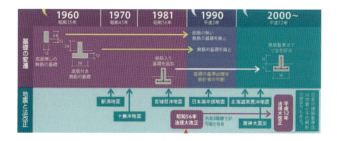

　束石基礎や、コンクリートブロック基礎がありI型無筋コンクリート基礎になり、底板付き無筋コンクリート基礎であったが、その後無筋コンクリート基礎は廃止され鉄筋コンクリート基礎が採用されてきた。さらには基礎の大きさや鉄筋の規定が法制化された。

　能登半島地震だけでなく、今までに発生した大きな地震において基礎の破壊、つまり建物の倒壊や崩壊につながっていることが分かる。

基礎と土台について

　基礎が破壊あるいは崩壊すると上部の建物も破壊もしくは破壊することは当然のことと捉えられるが、

基礎と上部構造を支えるための土台を固定しているアンカーボルトの存在である。既存建物を非破壊で調査しても、どのような材料でどの位置にあるかが分からないのが実情ではないかと思われる。下の写真は基礎と土台が離れてしまい、上部の建物が崩壊した事例ではないかと思われる。

どうしても防げない被害

建築基準法どおりの建物であっても、防げない被害はあり得る。絶対に壊れない建物は存在しないと考えられることから、いかにして被害を少なくすることができるかの対策をすることにより、震災後の復興も速やかにできるのではないか。つまり減災に力を入れることも重要なことである。

この写真は仕上げ部材が剥がれ落ちていることが分かる。この状況から判断すると倒壊や崩壊は免れているが、震災後に住み続けられるかどうかは不明であるが、補修をすれば一時的にではあるが住むことが可能になると思われる。

終わりに

どの地域にいつ大地震に見舞われるか見当がつかない状況で、何をどのようにすれば被害をすくなくできるか、また、多少の被害であれば住み続けることが可能な状況を作り出すことが重要である。

ここで。既存住宅における基礎にかかる荷重の概念と補強範囲を示した図を紹介する

出隅み部分には大きな引張力が働くことが良く分かり、無筋コンクリート基礎においては、曲げモーメントに抵抗できずに脆くも破壊され、倒壊や崩壊に結び付くので注意を要する。また、基礎と土台を緊結するためのアンカーボルトは無くてはならない存在と言える。

基礎、土台、上屋が一体となって形成されていることを理解し、建物が被害に遭わないための工夫を設計する立場として認識することが求められる。

（白石健次）

4-9

建物の基礎と敷地の安全

(1) 被災地の状況

能登半島地震の被災地への道すがら、道路に不陸を感じるとその付近には倒壊や傾斜した建物が多くなる。近くには必ず河川などの水辺があり、同じ震度6強の地区でも橋を渡ると道路に異状はなく建物被害も小さく少ない地区になることがある。

また、半島中央の田園地域を走る道路の沿線建物の被害は少ないが、海岸平野に出ると河口付近や海岸線に近い建物の被害が多くなる。

海岸沿いの古い中高層建物は、側方流動や液状化による基礎の損傷と思える移動や傾斜の被害が見られた。また、盛土や擁壁の崩壊も見られた。

(写真-1)

一部では液状化による噴砂が認められず、軟弱地盤の塑性化によると思われる建物の不同沈下が見られた。軟弱地盤に細い杭と偏心基礎の配慮に乏しい地中梁が相まって基礎が崩壊した。建物はこれにより躯体全体が転倒して、国内で初めての基礎崩壊による死者が出ることになった。(**写真-2**)

ほかにも地盤が液状化や塑性化したため地震エネルギーが十分に上部躯体に入力せず、原形を保ったまま傾斜している建物が多く見られた。

震源から100km以上離れ、震度5強程度の地域で日本海沿い特有の砂丘と潟を埋立てた縁が液状化して、地盤移動や新旧を問わず沈下した多くの建物被害は衝撃であった。なお、砂丘の中腹から頂部地域の被害は棟瓦の損傷程度である。(**写真-3**)

(写真-2)

(写真-3)

震度6強で漁港が3m以上隆起した地域から15km南の、荒波で削り残ったような能登金剛の一画で、今回震度7を記録した地区では道路や漁港の被害は少なく、建物も棟瓦の損傷程度であった。

(写真-4)

(2)直接基礎の設計基準と慣行

　旧耐震設計時代の直接基礎は一般的には鉛直力のみの検討であった。地盤の長期許容応力度は、施行令第93条の数値をそのまま採用しており、地震時水平力などの検討は行われていなかった。(表1)新耐震設計法施行後の昭和59年「地震力に対する建築物の基礎の設計指針」の建設省通達があり、鉛直力と水平力及びそれらの合力による接地力が、地盤の短期許支持力度を超えないことを確かめる事になった。

　なお液状化、地滑り、地盤面の沈下などの安全性について別途検討を行い、必要に応じ対策を講ずることとしたが、別途検討の部分は11年後の阪神淡路大震災の液状化や側方流動の被害を待って一般的な認識となった。

　東京都では昭和60年頃液状化の予想される地域が公表された。

　平成12年建設省告示第1347号により基礎の構造方法と計算方法が示され、平成13年国土交通省告示第1113号で地盤の許容応力度を求める調査方法が法制化されて、特に軟弱地盤の直接基礎とする場合はベタ基礎や地盤改良を必要とした。

(表-1) 地盤の許容応力度及び基礎ぐいの許容支持力　新旧比較

地盤	長期許容応力度 t/m² 現行	長期許容応力度 t/m² 旧耐震	短期許容応力度 t/m²
岩盤	100	100～400	長期×2倍
固結した砂	50		
土丹	30		
密実な礫層	30	30	
密実な砂	20	20	
砂質地盤	5	10	
堅い粘土質地盤	10	15	
粘土質地盤	2	10	
堅いローム層	10	15	
ローム層	5		

建築基準法施行令第93条

(3)杭基礎の設計基準と慣行

　杭基礎については昭和49年「建築基礎構造設計基準・同解説」により水平力を受ける杭の安全を確かめる事としたが、一般的には「建築構造設計指針」の中の行政取り扱いで、杭の水平力は軒高20m以上または地上7階以上の建物のみの運用であった。

　また当時遠心力鉄筋コンクリート杭(RC杭)からひび割れ制御されたプレストレストコンクリート杭(PC杭)の採用が多くなったところであったが、当時既成杭は打撃工法で杭頭が破損したり、高止まりしたりで、余分な部分は現場で切断していた。

　また、市街地では騒音問題から場所打ちコンクリート杭に変更や設計をし、杭頭鉄筋を増して対応した。そして杭頭ピン状態での設計が続いた。

　昭和59年建設省住指発第324号「地震力対する建築物の基礎の設計指針」の通達を受けて、昭和60年行政の取り扱いが杭の水平力は軒高15m以上または地上5階以上の建物に適用する運用になった。

　従って、既成杭もFc800kg/cm²以上の遠心力高強度プレストレストコンクリート杭(PHC杭)が採用され、埋込杭施工が主流になった。

　平成13年に前述の建設省住指発の通達が国土交通省告示第1113号として法制化され、構造計算を要する建物は全て告示に基づき杭の水平力の検討を行うこととなった。

　しかしこれまで過去の地震で基礎が損傷しても建物の崩壊に至らず人命の危険がなかったとして、建物は二次設計を行っても基礎は一次設計のみとしている。

(4)まとめと提言

　建物の耐震化に当たっては耐震改修促進法告示第184号(別添)の技術指針に㋑擁壁を設けた敷地、㋺がけ崩れの恐れのある敷地、㋩液状化の恐れのある敷地の安全を求めているが、建物や敷地所有者の意識が低い。

　また、基礎については地震時に損傷を受けても人命に問題はないとして、これまで検討を行うことが少なかったが、建物が沈下や傾斜すると修復が困難であ

る。建物を失うことは単に住めなくなるだけではなく、生業を失い、災害関連死につながる場合もある。

従って発災後一時的でも「とどまる」ことが出来る建物でありたい。

直接基礎の旧耐震建物は関東ローム層で長期許容支持力が15t/㎡の設計もあったので、荷重の偏りがあると地震時変動軸力で地盤を踏み抜く恐れがある。また傾斜地の造成地では、切り盛りした敷地となり、その盛土部分に布基礎で建設した場合がある。耐震化時には最低四隅の地山地盤と布基礎の位置確認を行う必要がある。

そして必要があれば地盤改良などの対策を勧める。

杭基礎について昭和時代の多くは地震時水平力に対応していないため、大地震時に杭頭や継ぎ手などで破損する恐れがある。

当時はRC杭やPC杭が多く採用された。建設省通達を受けた昭和60年以降から水平力に対応できる高強度のPHC杭が採用され始めたが、行政は5階建て未満の建物について地震時水平力の検討を平成13年の告示施行まで求めなかった。従って耐震診断の際には設計年次に沿って計算上の検討だけでも行い、液状化などの地盤の情報と共に建物所有者に実情の周知を図る必要がある。

その上で総合的に考えて耐震対策や建て替えなどの検討を勧める。

能登半島地震発災より半年過ぎてもインフラが全面復旧せず、仮設住宅すら充足していない。また、木造住宅が崩壊建物の大部分を占めているにも関わらず、解体済みが5%程度と聞く。

人口密度が能登半島の50倍ほどの東京都区部で同じことが起こった場合の景色は想像できないが、まず建物の耐震化を「隗より始め」できる対策を一歩ずつ積み上げて減災に努めなければならない。

2013年に「基礎構造の耐震診断指針(案)」(一財)ベターリビングが刊行、2014年に当会JASOでも下記のセミナーが行われており、資料など参考にされたい。

（屋敷義久）

4-10
液状化した地域の非木造建物の被害
輪島市における液状化被害報告

令和6年能登半島地震における非木造建築物の被害において、Gビル転倒は衝撃的だった。現地に行ってみると、この建物だけでなく、傾斜している非木造建築物が少なからず見受けられた。そこで、輪島市河井町付近の非木造建築物の液状化による被害を報告する。

1. 液状化とは

液状化とは、地震など繰り返しせん断によって、水で飽和した砂質土中の間隙水圧が上昇し、有効応力がゼロの状態となり、地盤が液状化する現象である。（建築基礎構造設計指針　日本建築学会）

東京都のホームページでは以下のように説明している。液状化とは、主に同じ成分や同じ大きさの砂からなる土が地下水で満たされている場合に発生しやすいとされる現象である。このような砂で構成された地盤では、砂の粒子が互いに結びついて支え合っているが、地震発生に伴う繰り返しの振動により、地中の地下水圧が高まる。結果として、砂の粒子の結びつきが崩れて地下水に浮いたような状態になり、これが液状化である。このような状態になると、水よりも比重が重い建物が沈んだり傾いたりする。また、水の比重よりも軽い下水道のマンホールなどが浮き上がる場合もある（図1）。

2. 河井町付近の地盤の性質

1）輪島市街地を流れる河原田川と鳳至川下流には幅の広い谷底平野と海岸平野が分布し、締め固まっていない砂層と粘土で構成されているため液状化の可能性がある範囲と想定されていた。（図2 石川県内液状化しやすさマップより）
2）視察範囲は図中〇印の範囲で、河原田川東岸の河井町付近で液状化危険度は3である。
3）Gビル付近のボーリングデータを（図4）に示す。

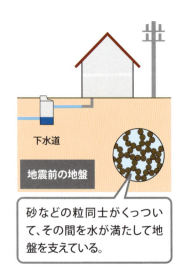  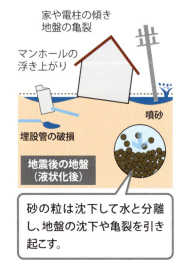

図1　東京都建物における液状化ポータルサイトより

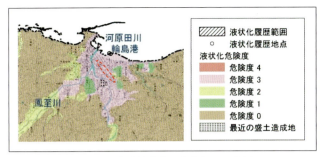

図2　石川県内液状化しやすさマップより

3. 非木造建築物の被害の特徴

河井町付近の非木造建築物の被害について、①傾斜、②エントランス下屋や屋外階段など主屋から張り出した部分の損傷、③1階土間スラブの盛上り、④上部構造の被害は限定的、⑤建物周辺の噴砂と陥没などの特徴が上げられる。尚、調査した建物は図3に示す。

（1）傾斜

Gビルは転倒し、残念ながら間接的に人命を失った。HビルやWSホテルなどは傾斜でとどまり、人命は守られた（写真1、2）。

木造や低層建物で、建物重量が比較的軽い建物や、直接基礎の建物は液状化の影響を受けやすく、液状化した地域の住宅が軒並み傾斜したり、倒壊した。建物重量が重い建物や、中層や高層建築物においても、液状化のエネルギーに耐えられなければ、基礎構造部が損傷し、建物は傾斜する。

（2）主屋から張り出した部分の損傷

WSホテルやホテルMWは1階エントランス部分である下屋が突き上げられ損傷した（写真3、4）。HビルではRC造屋外階段中柱が倒壊した（写真5、6）。

（3）1階土間スラブの盛上り

WSホテルではエントランスロビーやフロント、フロント裏側にある事務室の床が80cm位盛上がった。床が盛り上がればその上にある家具や什器が移動する。さらに、間仕切り壁やサッシがあれば、破壊されガラスも割れる（写真7、8、9、10）。

国総研の報告書では、WK小学校（写真11、12）やHビル（写真13）でもスラブの盛上りが報告されている。

（4）非木造建築物の上部構造の被害は限定的

今回の地震はマグニチュード7.6、震源は石川県能登地方　深さ約16kmで、輪島市の震度は7である。木造建築物の状況は目を覆うばかりの被害であるが、非木造建築物の上部構造の被害は限定的で、和倉温泉のKホテル（写真14）のように、地震によるせん断ひび割れはあまりみられなかった。液状化層を含む軟弱地盤が緩衝材となったと考えられる。

（5）建物周辺の噴砂と陥没

「張り出した部分の損傷」や「1階土間スラブの盛上り」のように建物にダメージを与える液状化の凄まじいエネルギーであるが、建物周囲のように遮るものがなければ、泥水が噴砂となり勢いを増して吹き上げ、地震後は砂粒となり堆積する。建物周辺部は、建物に遮られ行き場を失った泥水が狭い範囲に集中し吹き上げ、埋設配管等が損傷した（写真15、16）。

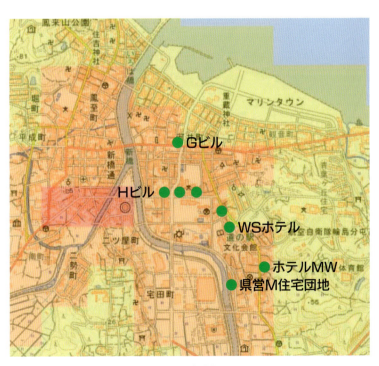

図3　調査建物
地図　地震ハザードステーション（J-SHIS）防災科研

表1　調査建物概要

No	呼称	用途	構造	規模	建設年	耐震基準	被害形態
1	WSホテル	ホテル	RC造	7階建	1974年（昭和49年）	旧耐震	傾斜、エントランス部分の損傷
2	Gビル	事務所店舗ビル	RC造	7階建	1972年（昭和47年）	旧耐震	転倒
3	WK小学校	学校	RC造	3階建	1970年（昭和45年）	旧耐震	傾斜　耐震補強済　EXP.j2棟
4	Hビル	事務所店舗ビル	RC造	7階建	1977年（昭和52年）	旧耐震	傾斜、土間スラブ盛上り
5	HK銀行社員寮	社宅	RC造	4階建	1985年（昭和60年）	新耐震	建物被害なし
6	HK銀行	銀行	RC造	2階建	1997年（平成9年）	新耐震	建物被害なし、営業中
7	HK新聞社	新聞社	S造	3階建	1996年（平成8年）	新耐震	建物被害なし
9	ホテルMW	ホテル	S造	7階建	1981年（昭和56年）7月	旧耐震	EXP.j2棟、傾斜、土間スラブ盛上り、エントランス部分の損傷
10	県営M住宅団地	共同住宅	RC造壁式	5階建	1972年（昭和52年）	旧耐震	階段室型3棟、1号棟傾斜、塔屋座屈

写真1　Hビル　傾斜

写真2　WSホテル　傾斜

写真3　WSホテルエントランス　突き上げ
被害は1階だけ

写真4　ホテルMWエントランス　突き上げ
※写真提供　屋敷義久氏

写真5　Hビル　屋外階段の倒壊

写真6　Hビル　屋外階段の倒壊・崩壊

写真7　ホテルMW　ロビー床の盛上り

写真8　ホテルMW　ロビー床の盛上り

写真9　ホテルMW　フロント床の盛上り

写真10　ホテルMW　事務室床の盛上り

写真11　WK小学校　1階教室床の盛上り
※写真　国総研資料より

写真12　WK小学校　1階廊下床の盛上り
床の盛上りにより建物内部の間仕切り壁が損傷した。
※写真　国総研資料より

写真13　Hビル　駐車スペースの床の盛上り
※写真　国総研資料より

写真14　和倉温泉のKホテル　非構造壁のひび割れ
※写真提供　JASO　屋敷義久氏

153

写真15　WSホテル　道路境界と建物の間の地面がせり上がり、陥没した。

写真16　HK銀行　建物周辺の舗装や敷地内アスファルト舗装がせり上がり、陥没した。

写真11～13　国総研資料
令和6年（2024年）能登半島地震による建築物の基礎・地盤被害に関する現地調査報告（速報）
（令和6年2月14日　国土交通省国土技術政策総合研究所、国立研究開発法人建築研究所）

4．熊本地震の液状化によるマンションの被害

熊本地震で「張り出したエントランスホールの損傷」や「1階土間スラブの盛上り」の損傷を受けたマンションがあった。大きく損傷したのは、エントランス下屋部分の突き上げと、専有部分を含む1階スラブの盛上りで、管理組合へのヒアリングでは、建物全体の傾斜や2階より上部に目立った被害は無かった。（**写真17-20**）

（今井章晴）

写真17　エントランス開口部の損傷

写真18　住戸内床の盛上りとフスマの損傷

写真19　住戸内床の盛上りによる間仕切り壁の損傷

写真20　1階駐輪場の床の盛上り

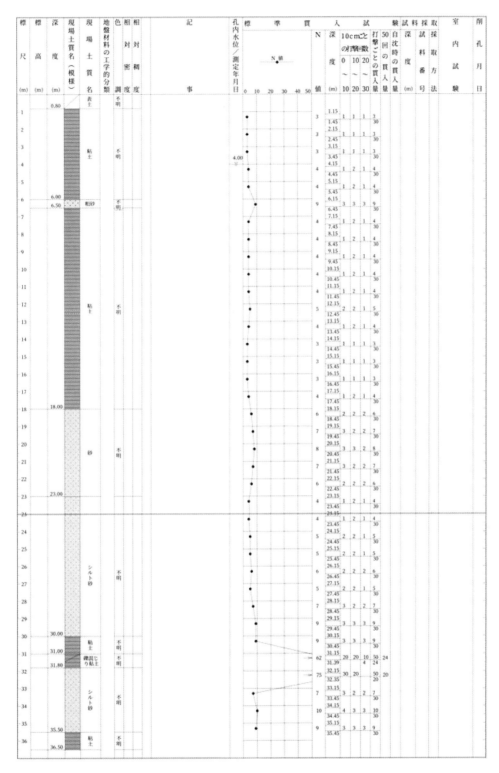

図4 Gビル近傍のボーリングデータ（国総研資料より）

国総研資料
令和6年2月14日　国土交通省国土技術政策総合研究所　国立研究開発法人建築研究所　令和6年（2024年）
能登半島地震による建築物の基礎・地盤被害に関する現地調査報告（速報）

4-II

液状化した地域の非木造建物の復旧

1. 輪島市河合町付近での液状化による非木造建築物の被害の特徴

　輪島市における液状化被害から、液状化した地域でのRC造建物の被害の復旧方法について考えてみたい。

1）上部構造について損傷度は極めて限定的だが、基礎構造等の損傷により建物の傾斜。
2）主屋から張り出した部分の損傷や1階土間スラブの盛上り。
3）建物周辺で噴砂や陥没が起き、埋設設備配管等が損傷。　など挙げられる。

2. 被災度区分判定

1）震災復旧を行うには、まず建築物の沈下、傾斜および構造躯体等の損傷状況を調査し、被災レベルを区分し、復旧の要否を判定する被災度区分判定を行う。
2）基礎構造の被災度判定の進め方
　　①基礎構造の損傷割合による判定、②基礎傾斜、沈下による判定、③支持地盤の変状による判定を行い、最も高い区分を基礎構造の被災度区分とする。但し、①の基礎構造の損傷割合による判定により基礎構造を確認するには、時間や費用がかかるので、第一段階として、②基礎傾斜、沈下による判定と、③支持地盤の変状による判定による判定を中心に行い、これらによる大きな被害が予想される場合は、復旧時に堀出し調査を行う。
　　実際には、建築物の沈下、傾斜など明らかな変状がある場合は、目視調査に加え、まずその箇所だけ掘削するなど現場で適宜対応している。
3）基礎構造の被災度区分には「倒壊」の区分がない。
　　基礎に大きな傾斜が生じたとしても上部構造物に大きな被害が見られない場合は、建て起こし等による復旧が可能なためとされている。

※参考文献：震災建築物の被災度区分判定基準および復旧技術指針（（一財）日本建築防災協会）

3. 復旧方法の考え方

（1）建物の傾斜

　平時においても、曳家工事などで、建物がバラバラにならないようした上で、持ち上げて移動する工法がある。地震で基礎構造が損傷し傾斜しても、上部構造に大きな被害が無ければ、建物を浮かせた上で、基礎構造を修復すれば、復旧する事ができる。

　直接基礎建築物の場合は、基礎の下からジャッキアップする工法や基礎の下にグラウトやセメントミルクなど注入し、膨張圧でリフトアップする工法などがある。杭基礎建築物も同様に、アンダーピンニング工法などで復旧した建物がある。

（2）主屋から張り出した部分の損傷や1階土間スラブの盛上り

1）主屋から張り出した部分の損傷
　　上部構造物に大きな被害が見られなければ、張り出した部分の復旧は比較的容易である。例えばエントランス部分が傾いたならば、その部分だけ水平に戻す事も考えられるし、費用との見合いになるが、その部分だけ建替える事も考えられる。
2）1階土間スラブの盛上り
　　基礎構造が健全で、1階土間スラブが盛上っただけならば、盛上ったスラブを斫り取り地中梁に鉄筋の定着を取り直し修復する事もできる。

（3）建物周辺の埋設配管等の損傷

　建物と敷地や道路境界の間は、給排水管やガス管など埋設配管や排水溝のルートとなっている場合が多いが、液状化により建物周辺の土砂と共に浮き上がったり、押し出されて破壊されていた。埋設配管等が損傷すれば、建物に被害が無くても住めなくなってしまう。

　復旧に際しては、再び液状化する事やメンテナンスを視野に入れて、露出配管にするなど地上の安全な配管ルートを検討したい。

4. 熊本地震での復旧

熊本地震では、構造耐力上主要な部分の一部が大破しても復旧した建物があったので紹介する。

1）杭の損傷と復旧

熊本地震では、4階建てRC壁式構造の公営住宅で杭が損傷したが、アンダーピンニング工法により復旧した。（**写真1-4**）

2）ピロティの柱の損傷と復旧

4階建てラーメン構造の公営住宅の1階部分のピロティの柱の一部が大破した。住民は退去し、時間はかかったがピロティ柱の復旧と共に耐震補強も行い、被災前より安全な建物として復旧した。（**写真5-8**）

5. 復旧にむけて

建物が傾いたり、建物の顔であるエントランス部分がせり上がったり、さらに給排水管が折れ生活に支障が出て住めなくなれば、取壊しを考えてしまうかもしれない。大きな地震で建物が被災すれば途方に暮れるかも知れないが、そういうときこそ冷静になり、建物を修復できる建築士に相談していただきたい。

震災復旧を考えるには、まず建築物の構造躯体等の損傷状況を調査し、被災レベルを区分し、復旧の要否を判定するための被災度区分判定を行う。その結果、復旧可能であれば、被災状況や建物の特性、敷地の状況など個別の条件を重ねて、復旧方法を見つけていく。ここから先は建築主の考え方や復旧にかけられる時間、費用などとの見合いで判断していただく事になる。

柱が高さや水平方向に変形し、建物が倒壊・崩壊していなければ、建物の復旧方法は必ずある。ダメだとあきらめる前に、建物を修復できる建築士に相談し、アドバイスを受けながら建物の復旧に向けて検討していただきたい。

（今井章晴）

写真1・2　M町公営住宅
RC壁式4階建
アンダーピンニング工法による杭の復旧

写真3・4　K市公営住宅
RC壁式4階建
アンダーピンニング工法による杭の復旧

1998年（平成10年）竣工、新耐震基準
地震後 約1.5ヵ月（2016年5月31日撮影）
1階ピロティ柱の柱頭と柱脚が主に損傷

地震後 約1.5ヵ月（2016年5月31日撮影）
1階ピロティ柱の柱頭　大破

地震後 約1年（2017年4月5日撮影）
緊急対応として、支保工で支えられていた。

地震後 約3年3か月（2019年7月撮影）
ピロティ柱の復旧と共に耐震補強も行い、安全な建物として復旧した。
（写真提供　JASO　三木剛氏）

写真5・6・7・8　U市公営住宅
RCラーメン構造　ピロティ柱の復旧と耐震補強

4-12
外付け耐震補強されたRC建築物の調査報告

はじめに

本報告は、外付け耐震補強工法にて補強されたRC建築物について、被害状況を報告する。

1.【物件：No①】

所 在 地：石川県珠洲市
建物用途：校舎
建物規模：RC造3階建て
被災震度：6強
耐震性能：1s値（1F:0.763, 2F:0.765, 3F:1.805）

1.1 補強位置

補強位置について、図1.1に示す。

1階

2階

立面

図1.1 補強位置図

1.2 被害状況

軽微な被害は見られるが建物は避難所として、運用されている。
建物の被害状況について、以降に写真を示す。

1.2.1 補強体の被害状況

補強体にひび割れは見られるが、汚れが付着しており、乾燥収縮によるものと考えられる。また、損傷は見られない。補強体基礎に付帯する犬走りが傾斜損傷している。

建物全景　　　　　補強体全景

犬走り（傾斜）　　犬走り（割れ）

ブレース交差部　　柱・梁・ブレース

ブレース（ひび割れ）　ブレース（ひび割れ）

写真1.2.1 補強部材の被害状況

1.2.2 補強建物の被害状況

北側の雑壁にせん断ひび割れが見られる。また、外周部の沈下やEXP.Jに損傷が見られる。

雑壁（せん断ひび割れ）　　雑壁（せん断ひび割れ）

雑壁（せん断ひび割れ）　　ひび割れ部（拡大）

雑壁（せん断ひび割れ）　　ひび割れ部（拡大）

外周部（沈下）　　EXP.J（損傷）

写真1.3.2　補強建物の被害状況

1.3.3 付帯建物の被害状況

付帯建物として管理棟があり、補強された教室棟とEXP.Jにて連設されている。管理棟では、雑壁にせん断ひび割れ、西側妻壁脚部及び窓下に水平ひび割れ、梁端に曲げひび割れが見られる。なお、花壇の損傷や噴砂、EXP.Jの損傷、腰壁スリットが作用した様子が見られる。

雑壁（せん断ひび割れ）　　妻壁（水平ひび割れ）

写真1.3.3a　付帯建物の被害状況

EXP.J（損傷）　　梁端（曲げひび割れ）

窓下（水平ひび割れ）　　腰壁（鉛直スリット）

花壇（噴砂）　　花壇（破損）

写真1.3.3b　付帯建物の被害状況

2.【物件：No②】

所　在　地：富山県高岡市
建物用途：校舎
建物規模：RC造3階建て
被災震度：5強
耐震性能：Is値（1F:0.773, 2F:0.775, 3F:0.798）

2.1 補強位置

補強位置について、図2.1に示す。

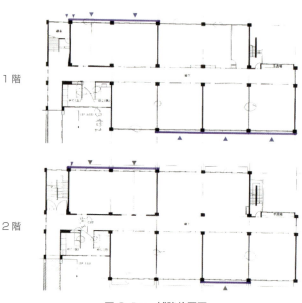

図2.1a　補強位置図

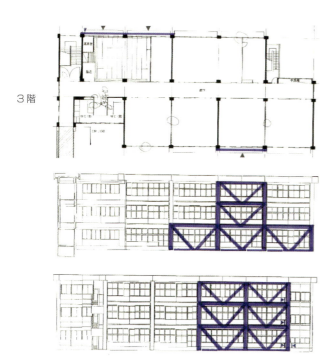

図2.1b 補強位置図

2.2 被害状況

建物の被害状況について、以降に写真を示す。

2.2.1 補強体の被害状況

補強体にひび割れが見られるが汚れが付着しており、今回の地震によるひび割れではなく乾燥収縮ひび割れと考えられる。

補強体全景（南面）

ブレース近景

ブレース（ひび割れ）

柱・梁・ブレース近景

補強体全景（北面）

ブレース近景

写真2.2.1a 補強部材の被害状況

柱・梁・ブレース近景

ブレース（ひび割れ）

写真2.2.1b 補強部材の被害状況

2.3.2 補強建物被害状況

昇降口横の壁にせん断ひび割れが見られたが、それ以外の部分、EXP.Jなどの可動部には、被害は見られなかった。

昇降口全景

昇降口入口壁（ひび割れ）

昇降口入口壁（ひび割れ）

EXP.J全景

写真2.3.2 補強建物の被害状況

3.【物件：No③】

所　在　地：富山県氷見市
建物用途：校舎
建物規模：RC造4階建て
被災震度：5強
耐震性能：Is値（1F:0.866, 2F:0.775, 3F:0.759）

3.1 補強位置

補強位置について、図3.1に示す。

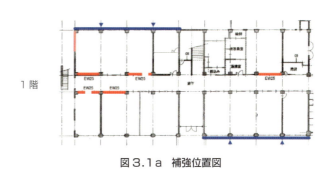

図3.1a 補強位置図

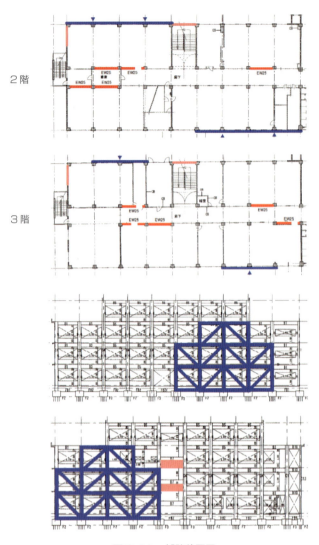

図3.1b 補強位置図

3.2 被害状況

建物の被害状況について、以降に写真を示す。

3.2.1 補強体の被害状況

補強体に汚れやひび割れが見られるが、乾燥収縮によるものである。また、一部の塗装に剥がれが見られる。

補強体全景　　　　　　柱・ブレース脚部

写真3.2.1a　補強部材の被害状況

柱・ブレース交差部　　　ブレース（ひび割れ）

補強体全景　　　　　　柱・ブレース交差部

ブレース（汚れ付着）　　ブレース（汚れ付着）

写真3.2.1b　補強部材の被害状況

3.2.2 補強建物の被害状況

EXP.J部分に損傷が見られる。また、建物外構部に損傷が見られる。

EXP.J 底部分（損傷）　　EXP.J（1F 底部分損傷）

EXP.J（柱脚部隙間あり）　　外構（破損）

写真3.2.2　補強建物の被害状況

4.【物件：No④】

所 在 地：富山県氷見市
建物用途：校舎
建物規模：RC造3階建て
被災震度：5強
耐震性能：Is値（1F:0.826, 2F:0.790, 3F:0.765）

4.1 補強位置

補強位置について、図4.1に示す。

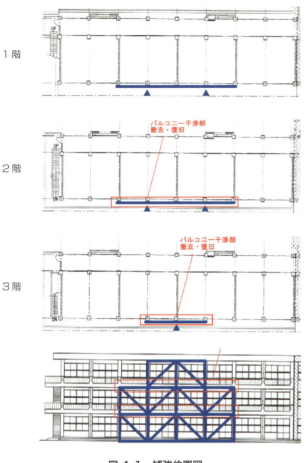

図4.1　補強位置図

4.2 被害状況

建物の被害状況について、以降に写真を示す。

4.2.1 補強体の被害状況

補強体にひび割れ等の損傷は見られない。

補強体全景　　　　　　柱頂部

ブレース　　　　　　柱・ブレース脚部

写真4.2.1　補強部材の被害状況

4.2.2 補強建物の被害状況

犬走りにひび割れ、及び外階段基礎部損傷が見られた。また、建物周辺の地盤に地割れも見られた。なお、建物自体のEXP.Jに損傷は見られない。

犬走り（ひび割れ）　　　犬走り（ひび割れ）

外部鉄骨階段（基礎部損傷）　外部鉄骨階段（基礎部損傷）

EXP.J（屋根庇部分）　　　EXP.J（脚部）

写真4.2.2　補強建物の被害状況

5.【物件：No⑤】

所 在 地：富山県氷見市
建物用途：校舎
建物規模：RC造2階建て
被災震度：5強
耐震性能：Is値（1F:0.783, 2F:0.821）

5.1 補強位置

補強位置について、図5.1に示す。

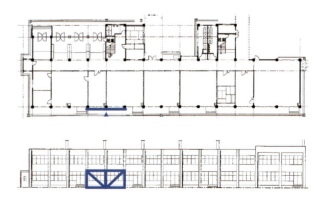

図5.1　補強位置図

5.2 被害状況

建物の被害状況について、以降に写真を示す。

5.2.1 補強体の被害状況

補強体にひび割れが見られるが汚れが付着しており、乾燥収縮ひび割れと考えられる。

建物全景

補強体全景

ブレース（ひび割れ）

柱（ひび割れ）

写真 5.2.1　補強部材の被害状況

5.2.2 補強建物の被害状況

昇降階段に損傷が見られた。また、外周地盤に地割れや噴砂液状化が見られた。

昇降口（階段前沈下）

昇降階段前（沈下）

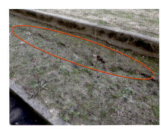
建物外周（地割れ）

建物際（噴砂・液状化）

写真 5.2.2　補強建物の被害状況

5.2.3 周辺地盤の被害状況

道路の陥没が見られる。

周辺道路（陥没）

写真 5.2.3　周辺地盤の被害状況

【物件：No⑥】

所 在 地：石川県七尾市
建物用途：園舎
建物規模：RC造2階建て
被災震度：6強
耐震性能：Is値（1F:0.928, 2F:1.120）

6.1 補強位置

補強位置について、図6.1に示す。

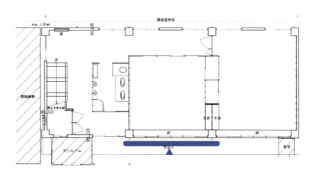

図 6.1　補強位置図

6.2 被害状況

建物の被害状況について、以降に写真を示す。

6.2.1 補強体の被害状況

ひび割れなどの被害は見られない。

補強体全景　　　補強体（柱・梁近景）
補強体（柱・梁近景）　　　補強体（脚部近景）

写真 6.2.1　補強部材の被害状況

6.2.2　補強建物の被害状況

建物に被害は見られない。建物外周部に沈下が見られる。

園庭前物置（沈下）　　　建物外周（沈下）

写真 6.2.2　補強建物の被害状況

6.2.3　付帯建物の被害状況

園舎とEXP.Jにて隣接する事務所棟の外周部に沈下が見られる。

入口付近外周（沈下）　　　入口付近外周（沈下）

写真 6.2.3　付帯建物の被害状況

6.2.4　周辺建物の被害状況

建物に被害は見られないが、建物周囲に地盤沈下が散見される。

入口付近外周（沈下）　　　入口付近外周（沈下）

写真 6.2.4　周辺建物の被害状況

【まとめ】

耐震補強しても、建物の二次部材（雑壁等）には損傷（被害）が発生している状況が確認できる。しかし、耐震補強にてIs値を0.75以上確保することで、建物の主要構造部材（柱・梁）および補強体に損傷はなく建物の大きな被害を回避できていることが確認できる。また、継続使用することが可能となっていることも確認できる。

（ピタコラム工法協会　矢作建設工業株式会社）
ピタコラム工法ブレースタイプ（No.①～⑤）
ピタコラム工法フレームタイプ（No.⑥）

4-13
インフラ設備の被害とその教訓

インフラ設備の被災状況については今回の現地調査での目視だけではその全貌を把握することはできないことと、ましてや今回の調査が震災後3か月後に実施されたことなどから、関連諸機関およびメディア報道等の情報も含めている。また、それらの被害状況から得られた知見を基に、インフラ遮断時におけるマンションおよび住民側での対処の仕方についての私見も記す。

1．水道施設の被害について

今回調査した輪島市中心部および珠洲市中心部においては、地震発生後3か月を経過しているにもかかわらず断水状態が継続しており、随所で給水を確保するための給水車両を見る事ができた。我々がトイレ休憩場所として立ち寄った中で、水洗トイレが使用できたのは、のと里山空港ターミナルビル（輪島市中心部の南方約10kmに位置する）だけで、それ以外のトイレ休憩ではすべて仮設トイレでの使用で、場所によっては**写真2**に示すように手洗い用に小さなビニール水槽が設置されているところもあった。

写真1　随所で見かけた給水車

写真2　仮設トイレと手洗い用水槽

公共の水道ネットワークは能登半島全般にわたって完備されているが、今回の地震による水道管路被害は、過去に他地区で派生した同規模の地震による被害と比較して大きかったとされている。その理由の一つとして、石川県全般の水道管路の耐震化率[注1]が全国平均の42.3％に対して36.8％とかなり低かったことが挙げられており、水道管路の被害の最も大きかった能登町での1km当たりの損傷個所数は2.66、輪島市では2.63で、東日本大震災時で最も被害の大きかった宮城県沸谷町の0.36と比べて、損傷率は7倍にも達している（3/12付朝日新聞）。

また、損傷個所は各戸への給水管路だけでなく、河川から浄水場へ原水を送る導水管なども損傷し、修復箇所が水道施設全般にわたっていることから、修復に多大な時間を要し、輪島市や珠洲市のような市街地においても、地震発生後3か月が経過している今回の調査時点においても断水状態が続いていたことの要因となっている。

なお、今回の地震においては、地震による水道機能の不全化は管路の損傷だけではなく、浄水施設や配水施設などのコンクリート構築物にも被害が発生していたとのことである。

注1　給水管路の耐震化と耐震管・耐震適合管（水日本水道協会：道事業ガイドライン）
管路の耐震化率とは、耐震化管路延長／管路総延長×100で定義されており、現時点で耐震化管路とは、使用されている管種が以下の耐震管または耐震適合管（地盤条件によっては耐震性を有するもの）の場合、とされている。
・離脱防止機能接手またはK形接手を有するダクタイル鋳鉄管
・鋼管（溶接接手）
・水道配水用ポリエチレン管（高密度、熱融着接手）
・硬質塩化ビニル管

なお、断水からの復旧が最も遅れていた輪島市および珠洲市においても、**表1**に示すように、5月末時点で断水状態はほぼ解消されたとのことである。

表1　各地域での断水状況と復旧状況（5/31付日本経済新聞）

	最大時	解消時期
輪島市	11,400戸	5/末
珠洲市	4,800戸	5/末
能登町	6,200戸	5/21
志賀町	8,800戸	3/4
穴水町	3,200戸	3/4
七尾市	21,200戸	4/1

2．下水道施設の被害について

　今回の調査の中で、下水道施設に関しての最も衝撃的な光景は、珠洲市内で見られた道路中央で浮き上がってしまっているマンホールの姿であった。珠洲市で確認できたマンホールの場合は、**写真3**および**4**で見られるようにように1m以上も浮き上がっており、過去の地震における同様の現象と比べても顕著であると言われている。

写真3　マンホールの浮き上がり（珠洲市）

写真4　マンホールの浮き上がり（珠洲市）

　輪島市内中心部でも同様の浮き上がり現象が発生したとのことであるが（**写真5**）、交通の障害になることから、今回の現地調査時にはそれらのマンホールは既に撤去されており、目視確認はできなかった。

写真5　輪島市内でのマンホール浮き上がり現象
（土木学会：能登半島地震現地調査報告書より）

　マンホールが浮き上がるのは、地震による周辺地盤の液状化によるものであり、輪島市や珠洲市のような能登半島の沿岸地区の地盤は、液状化の発生しやすい以下の条件の土壌であったと言える。
・地下水位が高い
・地盤が軟弱あるいは緩い砂質

　これらの条件時に地震が発生し、マンホール周辺土壌が液状化した場合、以下の様なプロセスを経てマンホールの浮き上がり現象が発生する、とされている。
・マンホールが浮力により少し浮き上がることにより、マンホール底部分が空洞化する。
・空洞化した底部分に周辺土粒子が流れ込み、マンホール本体は持ち上がった状態を保つ。
・さらなる浮力により、マンホールの持ち上がりが継続・繰り返され、次第に高く持ち上がってゆく。

　マンホールが浮き上がると、それに接続されている両側の下水管は、接続部で折損してしまうか、あるいはマンホールの上への動きに引っ張られて逆勾配となり、いずれにしても正常な流水機能が失われ、排水不能となる。

　今回の地震により各地で発生した断水状態を解消するためには、給水機能の正常化だけではなく、当然のことながらこれらの下水機能も正常化していることが必要条件となる。

　なお、今回の調査地である輪島市の下水道普及率は、2021度末時点で62.8％、珠洲市では52.0％とされている（石川県ホームページ）。一方、下水道が敷設されていない地区では、コミュニティプラント（一定規模の団地や集落単位での小規模排水処理施設）や家庭レベルでの浄化槽などにより汚水の処理が行われており、これらの設備においても今回の地震による損傷被害が発生していることが報道されている。

　また、能登半島一体の下水道方式は生活排水のみを処理する分流式の公共下水道方式と言われるもので、雨水は道路側溝などを経由してか最寄りの河川などの放流されている。珠洲市においては、写真で見られるような液状化によるものと推測される道路側溝の損傷個所が見られ、雨水排水も正常な流下状態ではなかった。

写真6　破損した道路側溝

3. 電力施設の被害について

今回の能登半島地震では、最大時約4万戸の停電が発生したが、発電所、変電所あるいは送電線の損傷を原因とする広域にわたる停電は発生しておらず、停電原因は配電用の電柱や電線の損傷によるものであった。その損傷内容としては、電柱の被害（傾斜、折損）が約2,340本、配電線の損傷が約1,680ヶ所となっている（北陸電力：3月1日プレスリリース）。

今回の地震においては、土砂災害などによる作業車両のアクセス上の障害等により、表2に示すように過去の地震と比べて停電後の復旧に多くの日数を要している。

表2 能登半島地震と過去の地震における停電状況
(2024/3/21 経済産業省電力保安課資料)

	能登半島地震	熊本地震	東日本大震災
最大停電戸数	約4万戸	約48万戸	約871万戸(注)
停電復旧までの日数	約30日（進入困難個所は除く）	約5日（進入困難個所は除く）	約8日

注 東北電力管轄および東京電力管轄の合算値

今回の現地調査においては、図7および図8に示すように輪島市の朝市通り地区および珠洲市の沿岸地区には傾斜した電柱がそのままに残っていることから、当該地区は今回の調査時点においてもまだ残り少ない停電地区に該当する。

図7 輪島市朝市通りの電柱

図8 珠洲市海岸地区での電柱

なお、珠洲市内において作業車を使っての電柱および電線の修復作業中の状況を見る事ができた（図9）。

図9 電柱および電線の修復作業中

4. 情報インフラの被害について

情報インフラとしては、テレビ、ラジオ、電話、インターネットなどがあり、それらは0有線または無線により情報伝達される。

当地区での有線系情報インフラとしては、NTT西日本のほかに、珠洲市などを供給区域としている能越ケーブルネットが固定電話、ケーブルテレビ、インターネットなどの通信・情報サービスを行っているが、両社ともケーブル類は北陸電力の電柱に支持・敷設されていることから、今回の地震のように多くの電柱が傾斜・転倒した場合は、機能停止してしまう。NTT西日本によると、6月16日現在においても、輪島市、珠洲市、志賀町の一部においては通信サービスができない状態が続いている。能越ケーブルネットにおいても、同様の状況であると推測される。

テレビに関しては、地上波の中継施設などの地震による機能不全のため、6月時点でも視聴する事ができない地域があることから、NHKでは地上波の総合番組を衛星放送（BS3）を使用して放送している。

無線を使った携帯電話やインターネットについても、基地局やアンテナが損傷を受けたり、また損傷を受けなくても基地局への電力が供給停止状態となることにより、地震発生直後から携帯電話などは使えない状態が続いていた。しかし今回においては、携帯電話各社は、電源装置を組み込んだ「車載型基地局」などを各所に配置配置して、地震発生後約2週間後から限られた地域での応急措置ではあるが機能回復させる事ができ、各種の通信サービスが利用できるようになった。

5. 当地区の都市ガス設備について

石川県で都市ガスが供給されているのは金沢市と小松市のみで、能登半島北部地区には都市ガス供給エリアは存在しない。なお、当地区ではLPGが多用されており、輪島市朝市地区で火災が拡大した際には、各所でLPGボンベの爆発が発生し、火災拡大の一因になったとのことである。

6. インフラ設備遮断に備えて（今回の地震からの教訓とマンションにおける対策）

a. 断水対策

地震発生3か月経過後においても断水状態が続いていた実態から、地震直後の生活状況は、その時の様子は不自由さを通り越して悲惨そのものであったと想像される。都心部のマンションにおいて同様の状況を防ぐための各戸における対策としては、ペットボトルの多数保持や浴槽の常時水張状態保持とかがせいぜいの対策である。もし、給湯用としてエコキュートが設置されている場合は、地震時においてはその大容量の貯湯槽が非常用水として利用可能となる。ただし、エコキュートに関しては、後述の【補足】に記載するように、能登半島地震時において転倒例が多発したとの新聞記事がある。

なお、断水対策をマンションの共用設備として計画する場合は、以下のようなことが考えられる。

▶受水槽や高架水槽に感震装置により作動する緊急遮断弁を取り付けておき、この水槽内の水を給水制限しながら使用する。断水期間が長期化し、水槽がからになったとしても緊急用の給水車からの給水をためることが可能となる。なお、耐震化の為に耐震性能の悪い受水槽や高架水槽を撤去し、直圧給水方式に切り替えることが行われたりすることがあるが、地震後の生活機能を守るためには、これらの水槽類は撤去するのではなく、水槽の設置そのものの耐震化を図る方が適切であると考える。

▶雑用水用として、雨水や井水の利用設備を計画する。

b. 停電対策

停電が数時間程度であれば、懐中電灯用として予備乾電池類の保持や携帯電話用としてはモバイルバッテリーの保持程度で格別な停電対策は不要と考えられるが、今回の様に停電が長期に及ぶ場合を想定した場合には、現時点では高価ではあるが、太陽電池と蓄電池を組み合わせた可搬型の電源装置の保持が望まれる。

c. 携帯電話の通話不能対策

前述したように、今回の地震では地震直後から、停電などによる中継施設の機能不全により携帯電話は通話不能になった。今後の方針として、契約費用や通話料金が高価なため、マンションの管理室などではさすがに不必要かもしれないが、災害時での重要拠点となることが想定される施設においては、通信衛星経由の携帯電話が使用可能な設備の設置が望まれる。

【補足】エコキュートの転倒記事

当地区では、都市ガス供給が為されていないこともあり、家庭用の給湯設備として「エコキュート」が多用されているが、。エコキュートの付属機器としての貯湯槽は背が高いこともあり、転倒例が非常に多かったことが報道されている。給湯機器に関しては2013年に転倒防止措置を義務付ける告示が出されているが、今回の地震による転倒機器はそれ以前のものであるとのことである。（2024年7月27日付日本経済新聞）

（藤本健）

4-14
窓建具の耐震性について

　今回の輪島市、珠洲市の調査では木造建物の倒壊や被害が多く、建具の変形、破損、上階より1階が圧し潰れている状況も多く見られた。沢山のサッシ窓は変形し、ガラスが飛散されていた。

1、サッシ窓の耐震性能は

　窓サッシJIS A 4706:2000の性能は耐風圧(S)、気密性(A)、水密性(W)、遮音性(T)、断熱性(H)の5つが基本性能となっており、試験所にて一定の試験を実施してJISで定義する等級グレードによって表されている。使用する用途、環境、階高、立地、RC造、木造、S造、その他構造や条件によりその部位に設置する窓のグレード(仕様)を決定していく。

　お気付きになられた方もいるかと思うが、耐震性は基本性能ではないことだ。私も業界に20年間いるが、サッシ窓の耐震性の言葉さえ聞いたことがない。

　耐震性を確保するには色々な条件を満たす必要があるが、アルミ枠とガラス戸にクリアランス(隙間)を多く持ち、開口を頑丈なフレームで固定する必要がある。また、ねじれや歪みが発生した際のガラス戸への影響も多く、サッシ窓への耐震が困難となっている。

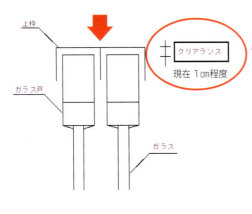

参考① 【縦断面】

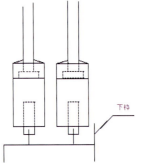

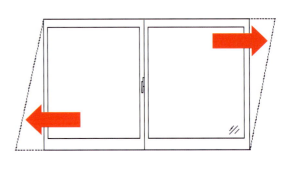

参考② 【姿図】

また、昨今は省エネ工事が多くなってきている。樹脂サッシ、樹脂額縁、樹脂複合等の断熱、遮熱UPの新設、改修、改善工事に対して、助成金が出ていること（条件有り）を考えると省エネを推奨していることが分かる。サッシ窓の省エネとは開口部より熱の出入りを極力減らすこと。気密性や遮音性、断熱性のUPや省エネガラスに変更、ガラスの面積を広く確保することが対象条件となる（その他色々と条件がある）サッシ窓を強化するには、アルミ枠とガラス戸にクリアランス（隙間）（※**参考①**）やアルミ枠部分の補強が増え、ガラス面積が少なくなる。また、ガラスも横揺れ、ねじれに強いガラスの納まりも検討が必要である。耐震性能を組み込むことは難しい課題となっている

このような中で、窓建具の耐性能をどう考えたらいいのか。震度6程度までの地震では、開口部のガラスの落下を防ぐ。網入りガラスの防火性能を維持する等は必要だろう。扉建具の耐震性には避難路確保が求められる。一方、窓建具は避難については二次的な経路だが、開口が残されていてほしい。それは躯体の開口を建具が阻害しない意味である。さらに震度5までは窓建具は諸機能を維持してほしい。このような耐震目標を設定し、そのための窓建具の強度や組み方について、今後検討が行われる必要がないのだろうか。

2、建具の壊れ方から

東日本大震災では、東京都内マンションでも非木造建物のサッシ窓、玄関扉にも影響があった。サッシ窓の枠が圧し潰されている事例もあった（縦枠と上枠がぶつかり入隅が潰れていた）その影響でガラス戸が外れずに開閉が出来ずクレセント（鍵）を施錠出来なかった。こうした事を考えると地震が発生すると開口部又は開口部周囲に何らかの影響が出ることが分かる。熊本地震の調査でも同様な状況を目にしている。

サッシ窓の枠は、縦枠と横枠がねじで固定されているが、地震で横揺れした際（※**参考②**）に外れていることが分かった。なかには、ねじが千切れているサッシ窓も有り、当時の横揺れが凄まじいことも分かる。（サッシ窓枠の構造は木造と非木造で多少の違いはある）

調査を終えて思うことはサッシ窓（建具）部分の開口部が弱く、強い横揺れの力が加わると建物と共に崩れてしまう。または、開口部分には何らかの被害が発生する。

今回の調査は木造の建物が多かった。試験をしていないので、不確定なこともあるが実際の状況（調査）だけで判断すると上記のようなことが考えられる。逆を言えば、開口部のサッシ窓（建具）が突っ張り棒のような働きが有り、それ以上崩れなかったとも考えられる。それらを踏まえ、今後はサッシ窓の耐震性を考えるきっかけとなれば幸いと思う。

3、その他の破損があった建具や金物関係

地震や火災等にて破損した建具・金物

目隠しフェンス
横揺れの際、壁にぶつかり支柱が屈折している

玄関扉
横揺れで開口部が歪んでしまい、ガラス戸が外れてしまった

カーポート
柱が根本より千切れてしまい、倒壊してしまった

シャッター
建物が揺れた際に、シャッターがレールから外れ、落下している

FIX窓下部躯体
FIX下枠の溶接部が切れている。建具と躯体が破断している

引戸門扉
床が下がってしまい横引き門扉が動かない

エントランス扉
火災によりガラス部が破損、SUS枠のみが残されている

シャッター
火災によりシャッターの回転軸のみ残されている（スチール製）

出入口扉
火災によりガラスが破損、アルミ枠部分も溶けてしまっている

※報告書は一部私見があり、法的な試験や実験をした訳ではない。

（篠﨑玲紀）

4-15

瓦の耐震性と瓦が創り出す風景

　地震災害が起こるたびに瓦屋根を持つ木造住宅が倒壊してきた。そのたびに、メディアから瓦屋根は危ない、瓦屋根から軽量屋根材への更新が住宅の耐震性能を上げると報道されてきた。
　果たしてこの報道は、真実なのだろうか。
　全国陶器瓦工業組合連合会による「瓦屋根の耐震性を知る」[1]によれば、瓦屋根によって耐震性が落ちるわけではなく、建物全体のバランスをとることが重要であり、決して瓦屋根であるから倒壊したわけではないことを強調している[注1]。
　そこで本稿では、瓦屋根に絞って地震被害を調査してみたい。

1）瓦屋根の被害調査

　今回の調査で瓦屋根の壊れ方を大別してみると以下のようになる。（図1）
1．建物全体は軽微な被害であるが、瓦だけが落下した。
2．建物全体が変形し瓦屋根も変形、瓦が落下した。
3．瓦屋根は軽微な被害で、下階を押しつぶした壊れ方。
　1については、瓦の緊結方法に問題のある建物の瓦が落下した。国交省等による令和5年、令和6年の調査報告書のよると[2),3)]平部の瓦の被害はあまり見られず、棟瓦の被害が目立っていたようである。2001年の「瓦屋根標準設計・施工ガイドライン」[4]のガイドライン工法で葺かれた瓦は落下しておらず、建物自体の被害も軽微であった。つまり瓦の緊結方法を見直すことで免れたと思われる。一方で、棟部は建物の最も高い位置にあることから地震時の横揺れや台風時の風圧を直接に受ける。調査した建物の多くは棟瓦が落下し、そこにブルーシートがかけられていた。おそらく漏水したのであろう。漏水についていえば原因として大きく3つが考えられる。

写真-1　珠洲市正院町
ほとんどが下階を押しつぶす壊れ方。

1．前提として瓦屋根の防水は瓦が一次防水であり、その下に敷かれるルーフィングシートが二次防水となる。瓦の耐久性、防水性等は、ほかの軽量屋根材と比較してかなり高いが、ルーフィングシート自体の耐久性はさほど高くない。さらに一枚一枚重ねて葺くことから、瓦同士のずれや浮き沈みは避けられない。
　そしてルーフィングシートが露出されれば劣化し最終的には漏水につながる。
2．棟瓦（熨斗瓦ともいう）は高さを高くすることその家の権威や財を誇示することが慣習となっていた。その棟瓦を納めるために土を詰め、さらに防水のために漆喰で隙間を埋めていることが多い。その漆喰も劣化により防水性能が低くなりそこから漏水につながることがある。

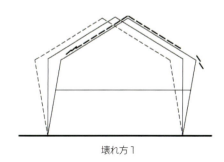
壊れ方1

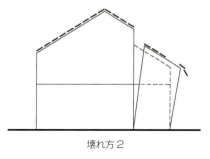
壊れ方2

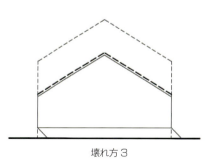
壊れ方3

図1　瓦の壊れ方

3．屋根の形状上、谷の形状となる部分があり、雨水を排水するために板金を取り付けていることが多い。それを谷板金という。この谷板金も劣化することで防水機能が失われ、結果ルーフィングシートを露出させてしまうことがある。

　以上を踏まえると、瓦の耐久性の高さは疑いようもないが、瓦屋根を納めるためには様々な材料を用いる。そしてその材料は瓦ほどの耐久性はない。瓦の緊結方法はもちろんのこと、こういった各所の補助部材の適切な修繕が重要である。二次防水のルーフィングシートが機能を十分に果たせれば、仮に瓦が落下したとしても、漏水を止められたかもしれない。

　瓦の緊結方法と各所の補助部材を定期的に修繕すれば瓦の落下と漏水を止められたのではないかと推測する。

珠洲市宝立町　宝湯別館
建物被害は軽微で、調査当日も営業していた。
屋根の棟部にブルーシートがかけられている。
平部の落下はほとんど見られない。

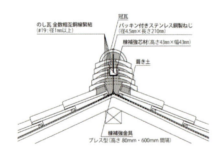

瓦屋根　棟部納まり
一般社団法人全国日本瓦工事業連盟　全国陶器瓦工業組合連合会　監修
発行「瓦屋根標準設計・施工ガイドラインダイジェスト版」より引用

黒島地区　住宅
壊れ方1。下部構造は軽微な損傷。平部の落下は一部。棟部の損傷が激しい。

　2については、倒壊した木造建物は増築部分の破壊が目立っていた。接合部、または建物の強度の差、もしくは重量の差が大きいことなどが原因と考えられる。つまり建物のバランスが悪く、建物全体が変形し、瓦が落下したと思われる。倒壊した部分と倒壊を免れた部分をみると、共に瓦屋根であり瓦屋根によってバランスが悪くなったわけではないと考えられる。瓦屋根の上部構造というよりは下部構造の平面的なバランスの問題であるため、瓦屋根の問題ではないと考える。

珠洲市　住宅
壊れ方2。増築部分が倒壊。倒壊を免れた部分と倒壊した部分の両方とも瓦屋根。

　3については、今回調査で最も多くみられた壊れ方で、屋根形状はそのままに下階が押しつぶされていた。能登半島の積雪量を考えれば屋根構造を強くすることは必須条件であったことと、内部は続き間にすることが多く、極端に壁量が少ないことなどにより、上部構造と下部構造のバランスが偏っていたことが原因であると考える。

　以上を踏まえると、瓦の緊結方法の問題、及び瓦屋根と下階とのバランスの問題であると考える。

珠洲市　住宅
壊れ方3。今回調査で多くみられた下階が押しつぶされる倒壊。

　瓦は、金属屋根等に比べて重量があることは当然である。そもそも瓦屋根が日本の木造住宅において普及したのは耐水性、耐久性、耐火性だけでなく、毎年来る台風に耐えることを目的としていた。軒が深い日

本木造住宅にはその軒先にかなりの風圧力がかかる。屋根が風で飛ばされないように重い瓦を葺くことは、日々の生活から得た工法だった。つまり重量を利点とした工法であるといえる。

建築基準法施行令第46条第4項により、地震に対して必要な壁量が、「屋根重量が特に大きい建築物」と「軽い材料でふいたもの」の2種類の係数に区分されている。単純に言えば、重い屋根の場合は壁量が多くなり、軽い屋根の場合には壁量が少なくなる。今回の地震で倒壊した木造住宅の多くは、この法令が制定される前のものであることが推測される。

つまり、瓦屋根をただ単純に金属屋根など軽量屋根材に変えることは、根本的な耐震にはつながらず屋根の重量を踏まえたうえで下階を適切に設計することが望まれる。

以上が瓦の耐震性についてである。次に産業としての瓦、文化としての瓦について考えてみたい。

2) 能登瓦

能登瓦の特徴は、黒色であることと釉薬瓦であることである。

黒瓦の屋根と黒色の下見張りの住居群が並ぶ風景は美しく、特に輪島市黒島地区で見ることができる。瓦が黒色であることは諸説あるが、積雪時に黒色の集熱効果により雪をより早く溶かすためであるとされる。

生産に関しては、現在の七尾市や珠洲市の農村地帯で生産されていたようだ。特に珠洲市は、幻の古陶と言われている珠洲焼の生産地でもある。珠洲焼は、鉄分が多く含まれている珠洲の土を1200度という高温で焼く燻べ焼という技法を用いることにより、溶けた灰が自然の釉薬となり、灰黒色の焼き物になる。能登瓦と珠洲焼の関係についての資料は見つからなかったが、同じ土を使い、同じ黒色の焼き物であることから、全く関係がないとは考えづらい。

窯元数が最多だったのは昭和30年～40年である。また、金沢で瓦が普及したのは昭和初期のようである[5]。それまでは、板葺き石置屋根であり、板葺きから瓦葺きになったのは、地域で差があったようで京都など西日本が早かったが、寒冷多雪地域では雪害や凍害のため、西日本の瓦は使えず、釉薬瓦を待つことになり瓦の普及が遅れたようだ。

そもそも瓦の製法上で分けるといぶし瓦、塩焼き瓦、釉薬瓦の3種類となる。

釉薬瓦は、表面に釉薬を掛けることにより凍害、雪害に強い瓦である。さらに能登瓦は、釉薬をドブ付けによって両面に塗布することも特徴的である。瓦自体を下地からの雨水の侵入、凍害、雪害からも守るためであろう。わざわざ両面に釉薬を塗布したのは、瓦自体の耐久性を特に重要視していたことがよくわかる。

しかし本調査で見た瓦の多くは、片面にしか釉薬が塗られていなかった。おそらく時代が下るにつれて合理化により、釉薬を片面にしか塗布しなくなったのではと考えられる。その結果が、瓦の耐久性ひいては屋根構造の耐久性にどれほどの影響があったかは不明だが、不利に働くことは間違いないだろう。

輪島市河井町
火災範囲で残った瓦。

以上のように能登瓦は、その地理的条件等により地場産業として生産され、黒瓦が創り出す風景は、能登を象徴する風景となっている。しかし現在では、能登瓦として製造している会社は見当たらない[注2]。そして多くの瓦屋根を持つ住宅が今回の地震で倒壊した。さらに能登瓦はサイズが通常の瓦よりも大きいため[注3]、他県の瓦を代替品として使うことができない[6]。まだ使える瓦を保存しておくことが望まれる。

さらに職人問題も見逃すことはできない。現在、石川県瓦工事協同組合の加盟店は、約50事業所しかない[7]。付近を見てみると、隣県の富山県では100事業所、越前瓦で有名な福井県では9事業所、新潟県では60事業所である[8),9),10)]。（令和6年現在。）近隣の職人が復興の援助にいくとしても事業所が圧倒的に足りていない。瓦もなければ職人もいない。瓦屋根の復旧にはかなりの時間がかかってしまうだろう。このまま能登において、瓦は姿を消してしまうのだろうか。

3) 瓦が創り出す風景

我々が調査に行ったのは地震発生から3カ月ほど経過しており、復興の見えない中であった。これから倒壊した建物たちを建て直さなければならない。その中で瓦屋根は生き残れるのだろうか。

能登地方の地場産業の一つであった瓦業は廃れ、現在では能登瓦を生産している会社はないという。最早作ることもできない。そんな状況で黒瓦はこの地域から消えてなくなってしまうのだろうか。

石川県が設置した、能登半島地震復旧・復興アドバイザリーボード会議が主催している「のと未来トーク」[11]というものがある。被災した地域の人々が集い"これからの能登"を考える会である。その開催記録を見ると、やはり黒瓦の綺麗な街並みを残したいと思う気持ちもあるが、瓦で家をつぶされたくないとも思っているようである。

さらに「瓦バンクプロジェクト」[12]というものもある。これは被災した家屋のまだ使える瓦を保管し、屋根用の建材としてではなく住宅の意匠や庭の造形、あるいはアート作品として再利用の方法を考える取り組みを行っている。

黒瓦が能登にとって、かけがえのないものであることが伝わってくる。

我々にできることがあるとすれば、瓦屋根だから地震に弱いとか、倒壊してしまうというイメージを払拭することだけかもしれない。瓦を葺く合理的な理由を探すのはなかなか難しい。それでもなお、瓦を葺くことを選択できるのは、連続した瓦屋根が創り出す風景、街並みの美しさを知っている人々だけだろう。

瓦は決して地震に弱くない。そして耐久性から考えれば金属屋根等の軽量屋根材を遥かに凌ぐ耐久性を持っている。日本の文化的景観、風景をつくってきた瓦が残されることを強く願う。

（伊藤昌志）

珠洲市宝立町

写真右側：瓦の落下もない。写真左側：棟部の瓦の落下が見られる。ともに下階の被害は軽微である。

輪島市黒島　黒瓦の風景
写真提供：石川県観光連盟

参考文献
1) 全国陶器瓦工業組合連合会　一般社団法人　全国瓦工事業連盟「瓦屋根の耐震性を知る　瓦屋根は地震に弱いという風評は本当か？」
2) 国土交通省　国土技術政策総合研究所、国立研究開発法人　建築研究所「2023（令和5）年5月5日石川県能登半島地方を震源とする地震による木造建築物、瓦屋根等の被災建築物調査報告」
3) 国土交通省　国土技術政策総合研究所、国立研究開発法人　建築研究所「令和6年能登半島半島地震による建築物の津波被害及び瓦屋根の地震被害現地調査報告（速報）」
4) 一般社団法人　全日本瓦工事業連盟・全国陶器瓦工業組合連合会・全国PCがわら組合連合会・一般財団法人　日本建築防災協会　発行、国土交通省国土技術政策総合研究所・国立研究開発法人建築研究所　監修「2021年改訂版　瓦屋根標準設計・施工ガイドライン」
5) 島村昇著「金沢の町家」　鹿島出版会
6) 伊藤ていじ・他著「瓦　日本の町並みをつくるもの」INAX出版
7) 石川県瓦工事協同組合　URL: https://kawara-ishikawa.jp/katsuyou.html
8) 富山瓦工事協同組合　URL: https://toyama-yane.jp/
9) 福井県瓦工業協同組合　URL: https://www.f-kawara.jp/
10) 新潟県瓦工事業協同組合　URL: https://www.niigata-kawara.com/
11) のと未来トーク　URL: https://nototalk.com/
12) 瓦バンクプロジェクト　URL: https://kawarabank.org/

注釈
注1) 全国陶器瓦工業組合連合会は、木造住宅倒壊解析ソフトウェア「wallstat」を用いて、木造住宅で瓦屋根（耐震補強なし）、瓦屋根（耐震補強あり）、スレート屋根、金属屋根の4パターンで耐震性の比較を行っており、以下の3点を結論としている。
　1. 耐震診断を伴わない屋根の軽量化は、大地震時に倒壊する可能性がある。
　2. 耐震診断から補強の内容を定めることが重要である。
　3. 瓦屋根は、地震に弱いというのは間違いである。
　その他にも、数多くの耐震実験で瓦屋根の耐震性能が証明されているとしている。
注2) 令和6年時点で能登瓦を生産している会社を探してみたが、見当たらない。
注3) 瓦のサイズはJIS規格で定められている。釉薬瓦で最も普及しているサイズは56形、53形であるが、能登瓦は49形である。（数字の意味は1坪当たりの葺き枚数のため、数字が小さくなるほどサイズは大きくなる。）ただし、能登地方でも生産方式が昭和50年代初頭からトンネル窯化に変化したことで、56形が普及したそうである。

正院町郵便局
瓦屋根の被害なし。

能登半島 黒の文化論 ～次世代に残すべき価値観～

はじめに

能登半島地震に関する報道で住宅に加え、この地域の産業の復興も進んでいない現状を目にする機会が多い。様々な調査をしていく中で能登半島の文化・工芸の魅力を知り、このまま復興が進まなければそれらが失われてしまう恐れがあると感じた。そこで本稿では、能登半島と所縁の深い「黒」に着目し、能登半島における文化性とその魅力を考察することで後世に残すべき価値観であることを再考するものである。

Ⅰ 縄文土器と弥生土器に見られる漆の色と意義性について

能登半島の風土は漆器の生産に適しており、漆との関係性を知れる記録はいくつか存在する。

「古事記」の黄泉国の条において、イザナギが黄泉国へ行き、禁を破り、逃げる際に、櫛の歯を折って投げ捨てたことにより、難を逃れたという神話がある。こうした櫛の呪術性は縄文時代まで遡り、漆塗り櫛の最古の例が能登半島七尾市の遺跡から出土している。また、平安時代の12世紀に成立したとみられる「今昔物語集」にあらゆる願いがかなえられる「通天の犀角帯」が入った漆桶が、輪島の海岸に漂着したという話が納められている。これは、輪島と漆を結びつける文学上の最古の記録である。

1）縄文時代の土器_赤色と呪術性について

漆が塗られた遺物は数多く出土している。漆は皮膚にかぶれを引き起こすため、畏怖の対象であり、それが塗られたものは魔除けの意味が付与されていた。また、遺骨に朱を塗ったり、遺体を埋葬する石室の天井や壁面にベンガラを塗った記録があったりと、赤色は火の色、血の色、復活再生のシンボルとして神聖化されていた。縄文土器には縄目が積極的に採用され、その原点には縄を捻り、結ぶことの呪術的な意味が込められているという。神道にはあらゆるものを生み出す霊的な働きを「むすひ」と言い、語源は「うむす」（産む

す）「ひ」（霊）からきているようで、産む力の視覚的表現の一つが、幾本もの繊維が一つに結び合った糸や縄であり、しめ縄がその代表例と言える。容器である土器に縄紋様をつけることは、そこに入れるモノの豊穣（ものを産みだす）を願うことであり、そこに何層にも渡り赤色漆を塗り重ね、紋様をつけることで、豊穣の願いを連続的に祈る行為を具現化したものと考えられる。

写真―木と漆のある暮らし「うるしのはなし」から引用

縄文時代には漆器の製造方法が確立されており、下図は主な漆器出土遺跡の分布図である。多くが日本海側に点在していることから対馬海流を介して文化の伝播、交易が盛んであったことが考えられる。

図―「漆の文化史」四柳嘉章より引用

2) 弥生時代の土器_黒色と合理性について

写真—奈良県田原町教育委員会事務局文化財保存課から引用

　弥生時代ではそれまで用いられてきた漆の色が赤から黒に変化し、装飾としての紋様も消えてしまった。塗りも簡略化していき、塗り重ねが激減していった。そこには、縄文時代からの物を作る価値観に変化が生まれたからであろう。色と紋様を塗り重ねた縄文的な思考から、階級的社会構成が生まれ、その中での生産性や機能性を重視する弥生的な思考へと変化していった違いであろう。韓国、中国から酷似した漆工の技法によるものが出土しているが、弥生時代の人々は、黒色漆の技法は取り入れたが、それ以外の要素は採用しなかった。例えば、暗闇(黒)には、暗くて何も見えないという恐怖心だけでなく好奇心、神秘性を駆り立てられる魅力がある。現代人も「漆黒」と呼ばれる艶がある奥深い黒色を好むのは、弥生人の感性が受け継がれているのであろうか。

II 能登半島に共通してみられる黒に対する文化的価値観

1) 合鹿椀

写真—「漆の文化史」四柳嘉章より引用

　文献に登場する合鹿椀の最古の記録は1694年である。石川県の旧柳田村の特に合鹿を中心に漆器の木地生産が盛んであった。合鹿村で挽いた木地が塗り師の手を経ずにそのまま木地屋で漆塗りが施され、主として奥能登に流通していったのが合鹿椀である。内面外面ともに黒色のみの漆器が主であるという。特徴として、高台の高さがあげられ、床においても食事ができるように作られた。また、現在主流で使われているごはん茶碗よりも大きいものと汁椀の2つで1組である。様々な用途としても使用していたのであろうか。また歪みや不規則さが素朴な味のある愛らしい雰囲気を醸し出している。また合鹿椀は下地に柿渋を用いた簡略な下地漆器であるが、口縁部には丁寧な布着せが施されており、布が見えなくなるまで漆を塗り重ねているものが多い中で、合鹿椀は漆を節約した上で、強度を上げたため、浮き出た布着せも特徴の1つである。また、黒色の漆とは何も添加されていない透漆のことで、これに顔料を混ぜると色漆になる。このように非常に合理的に作られた普段使いのお椀であったことが伺える。

写真—工芸用語集より引用

2) 輪島塗_線刻漆椀

写真—輪島漆器商工業協同組合より引用

　上の写真は、今日の輪島塗の特徴を捉えた最古の漆器であり、穴水町西川島遺跡群御館遺跡から出土した総黒色漆椀の線刻椀である。輪島塗最大の特徴は珪藻土という特殊な土を使用する事である。珪藻土の微細な孔に漆が浸透することで、一層頑丈な漆器になる。分業生産と海運により発展を遂げ、今では能登を代表する工芸品の1つとなった。

　これら合鹿腕と輪島塗の漆器には、縄文土器のように様々な思いが込められ、物に対して重きが置かれ、ある種の念をそこに投じることにより、製作されたものとは異なり、それを使う人に重きを置き、その行為に対して最適な機能を持たせ、余分なものをそぎ落と

した用の美を感じる。料理がそこに盛られ、器として完成する。器自体に主張があるのではない。朱色は、それだけで高貴な人が使用するもの、宗教的意味合いなど、その色だけで意味性が出てきてしまう。しかし、黒という色は階級制が敷かれた江戸時代には一番身分の低い人が使う色でもあった。そのため、色単体での意味性はない。要するに物自体に絶対的意味が存在するのではなく、主と対峙したときに初めて相対的な意味合性が出てくるものなのではないであろうか。

3)-1 黒島地区天領祭り

1684年、黒島が江戸幕府の直轄地となり若宮八幡神社に（徳川家の）立ち葵の紋が贈られたのを祝って執り行われたのが始まりとされている。

左写真—公益社団法人石川県観光連盟より引用
右写真——般社団法人マツリズム、
日本財団「海と日本プロジェクト」より引用

大きな山車「曳山」の祭りで、名古屋城と大阪城をモチーフにした漆や金箔があしらわれた2基の曳山が2日間巡行する。黒島の家の構造は町に伝わる「天領祭（てんりょうまつり）」と深い関わりがある。家のほとんどは「見世の間」と呼ばれる部屋を持っており、お祭り当日は、「見世の間」に屏風や家宝を飾り、通りからそれらが見えるように間口を開け、襖を外して広い場所をつくる。近所同士で「北前船でこんなに繁栄した」ということを競って見せ合うためだったが、家の造りや家財を飾る祭りの形式は、京都の祇園祭で行なわれている「屏風祭」とよく似ている。おそらく「祭り」の方法が北前船によって京都から輸入され、廻船業で繁栄して住民の繋がりが強い黒島に、地元で楽しむ慣習として根付いたのだろう。

3)-2 京都祇園祭との比較

前述した黒島地区天領祭の参加者が黒い羽織を着ているのが非常に興味深い。後で紹介する能登上布と関係性があるように感じられ、高価な能登上布はハレの日に着用し、「能登上布を着て祭りに出て、男として一人前になる」と思わせるような雰囲気がある。ここで、黒島地区天領祭と関係の深い京都祇園祭を取り上げ、比較する。

写真—京都市観光協会より引用

同様に豪華な「曳山」を使用する京都祇園祭の参加者の衣装は白である。

白という色の意味合いは高貴な、潔白な、崇高な、という印象があり、参加者も祭りという神聖な行事の一つの要素である印象を受ける。それに対して、黒島地区天領祭の羽織で使用される黒という色自体に宗教性などの意味性は薄く、あくまで祭りの主役は、要所を練り歩く「曳山」であり、人ではない。

それは、「曳山」の存在を際立たせ、日々の生活の感謝を伝え、祝うものであり、祭りの参加者は単なる担い手であり、他に意味はないのである。

4)輪島市黒島地区伝統的建造物群保存地区

黒島地区の伝統建築群には先にも触れた天領祭りが存在する。その祭りでは、各々の家は道に面する家先に家財などを出し、日々の生活の豊かさに対するお礼のために、今年もこんなに豊かに暮らすことができましたという感謝の意味を込めて行っているという。ここでも、主役、焦点は家財である。家はそれを保存するための器、枠でしかない。そのため、無駄な意味性を持たせないために、黒いベンガラの外壁にしているのではないだろうか。

写真—公益社団法人石川県観光連盟より引用

ここで、この地域の建物と深い関係にあると考えられるベンガラについても触れようと思う。ベンガラは縄文時代から土器や建造物等に使われており、また貴重な朱の代用品でもあった。ベンガラ(赤鉄鋼として産出される酸化鉄)は自然素材故、揮発性、有害成分を含まず、環境に配慮した塗装であり、防虫、防腐の効果にも優れている。ベンガラは空気中で最も安定な酸化状態なので科学的な変化が起こりにくく、耐候性・耐久性に優れたものである。有機顔料(絵具)を使って描かれた赤色は科学的に不安定であり、時間が経過するとともに変色・褐色していく。

能登の町家のザシキやブツマなどのハレの空間にはベンガラの朱色が壁に塗られていることが多い。ザシキとは非日常の空間であり、特別な時間のみに使用される。死者を送り出す場所、特別な日には先祖を迎え入れる場所、神仏と食事をする場所でもある。伝統的な家屋は、今を生きている人だけでなく、先祖たちの物であり、将来引き継いでいく未来の人たちの物である。また我々が生きている世界と死後の世界が接する事も考慮している。そのため、震災に対して決して強いとは言えない木造建築物を少しでも長く使い続けられるようにベンガラが使用されていたのではないだろうか。この精神は、現在の建物の修繕・メンテナンスの考えに通じている。いかに劣化を遅らせるか、劣化した場所をどのように直すかに知恵を絞っている。それは１つの建物を少しでも長く住み続けられる場所にしたいという考えから行われている。

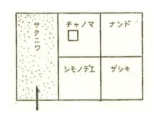
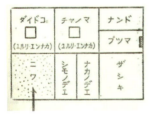

図面―能登　自然・文化・社会　九学会連合能登調査委員会より引用

5)衣服-能登上布について

石川県鹿島郡の鹿西町や鹿島町を中心に生産された麻の平織物の名称である。能登地域に麻織物が発展していった要因は、能登の冬は長く、寒さが厳しく、年中通して湿度が高い。上布の生産に、低温多湿の条件が適していたのであろう。環境要因に加え、当時の人たちの生活スタイルも関係している。北陸の厳しく長い冬の期間、農閑期に収入得るためにムシロ織り、苧績みに始まり、能登地域の繊維文化の礎ができていった

櫛押し捺染

ロール捺染

完成

写真―株式会社山崎麻織物工房より引用

のであろう。能登比咩神社の境内にある「能登比咩神社御由緒略記」の記述によると崇神天皇の皇女が中能登町に下向した際に、地元の女性に機織りを教えた事を伝えたもので、これが能登上布の始まりと言われている。平安時代には、現物で納める租税の対象である'調''庸'に桑・麻を生産した記録が、また鎌倉時代には東大寺に麻糸を収めた記録が残っている。能登の麻織物の歴史は古く、大和時代には自家用の野良着や蚊帳などを織っていた。もともと地産の苧麻を用いて布を織ったことに始まり時代の変化に合わせて、市場も変化させていった。地元での地産地消に始まり、品質向上と鉄道開通などにより、京都や大阪へ市場を拡大し、洗練された高級品として販売されるようになった。その後、人々の着物離れとすべて手仕事という生産性が低いことが関係して、衰退していった。その原因の一つとして、地元を離れ働きに出ていく労働環境のあり方の変化もあげられるであろう。現在では織元は1社のみとなってしまった。職人の手作業によるからこそ、特徴的な絣模様、軽さ、シャリ感などが実現可能なのである。また、特徴の一つである絣とは、生地を織る

前に糸の段階で染分けした糸を組み合わせた柄の事を指し、能登上布特有の染色方法を使用する。先に糸を染めてから織る工程の先染めのため、生地を織ってから染める"後染め織物"に比べ、模様の自由性、コストに大きな制約がかかる。その手間暇をかけ、人の手、人の目に基づく調整をし、作られているからこそ、多くの人を魅了するのである。使われる素材である苧麻は吸湿・発散作用に優れており、家庭でも洗濯できる実用性も兼ね備えており、生地は洗えば洗うほどに、柔らかくなり経年変化を楽しめるのも魅力の一つである。

Ⅲ 能登半島に見られる黒の魅力

能登地域はその地理的関係から国外では中国・韓国、国内では北前船の要所であり、他の都市との交流が盛んであったため様々な文化を取り入れてきた。また、その風土的特徴も大きく文化形成に影響を与えてきたのであろう。今まで紹介してきた工芸品、習慣などの能登地域に見られる黒に共通している概念とは、それ自体に何の自己主張や意味性はなく、また不協和を産まないように洗練され機能するもの、その存在そのものが能登の精神であり、それこそが、能登に住む人たちの民族性なのではないかと私は考える。

今回の調査中に珠洲市で生活されている方にお話を伺う機会があった。特に地震発生時の様子、土砂崩れ、現在の行政機関が行っている耐震化助成の利用割合、耐震補強の実情、避難の現状と被災時に必要とされるものについてお話を聞いた。そのお話の中で、「能登は今までにも地震に遭い、それを乗り越え、昔の方々が当たり前に行っていたことは震災、災害に非常に強い地域になる。」「この地を離れて暮らそうとは思わない。それよりも能登の自然の豊かさが好きなんです。」と仰っていたのが、非常に印象に残った。それは、人が生活する場をいかに作るかという人間主体の考えではなく、自然の恩恵の中で生活し、様々なものを取り入れ、それを最大限に生かして物を作り、感謝する心を忘れないことに加え、自然の中で生活させてもらっているという自然主体の考え方である。まさに、これまで述べてきた自己主体の在り方ではなく、他者があり、己の存在の有様が決まるものである。その能登の精神の象徴が黒なのである。

能登半島地震から9月1日で8カ月となるが、石川県の輪島塗や珠洲焼などの伝統産業は依然として厳しい状況に置かれており、仮設住宅への入居もままならず工房や窯の再建への道のりは長く、生産環境すらなかなか整わない状況である。また、お祭りも中止や規模を縮小しての開催が少なくない。このまま、再建が進まないままでは、多くの伝統工芸、伝統文化を持つ能登の文化が消えてしまう。また輪島市在住の方にお話を聞いた際に「能登の文化は、もはや忘れ去られたもの」と仰っていた。能登の住民が忘れ去られたと自覚してしまっている現状、今回の被災の復興が進まなければ、能登文化に触れる機会すらなくなってしまい兼ねない。

一刻も早い復興を心から願っている。

（早川太史）

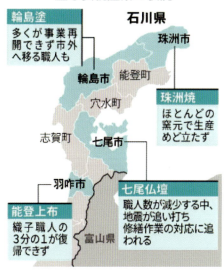

図―産経新聞より引用

参考文献
・「漆の文化史」四柳嘉章　岩波新書
・能登　自然・文化・社会　九学会連合能登調査委員会　平凡社
・別冊太陽　工芸王国　金沢・能登・加賀への旅　平凡社
・天領祭と黒島地区とのつながり　福田あい
・能登上布に見る人々の暮らし　中谷純江
・木部用耐候性塗料の調査研究　日本建築仕上学会
・ベンガラの歴史と材料科学的研究　岡山大学大学院教授　高田潤
・赤色顔料からわかる弥生時代・古墳時代の葬送儀礼の一端―顕微鏡で見る朱とベンガラが物語ること―本田光子　九州国立博物館名誉館員

上越市での地震体験と能登半島地震視察手記

新潟県上越市

　令和5年12月30日、上越妙高駅に到着し実家へ向かった。度々帰省しているものの、混む時期の帰省を避けていたため実に7年ぶりの実家での年越しである。「たまにはゆっくり駅伝でも見ようや」と、一人暮らしの父親が珍しく自分の希望を口にしたのである。一人きりの年越しが数年続いたので流石に寂しかったのだろうと思い、できる限り長い滞在期間を計画した。

　新潟県上越市は上杉謙信ゆかりの歴史ある城下町である。謙信公の銅像が春日山山頂付近から見守る高田平野（頚城平野）は、妙高山を源流に直江津までを南北に流れ、日本海に注ぐ関川が育んだ沖積平野である。
　春日山城址の他に、市の中心部には高田城址公園があり、春に四千本程のソメイヨシノが咲き誇る。雪国の春の訪れを満開で喜び表すのである。
　四季折々、自然溢れるこの土地で私は18年間過ごした。高速道路がない時代の幼少期、家族旅行といえば北は直江津の海。南は妙高高原でのスキー、更に足を延ばしても長野までの旅行が主であったが一度だけ、父親は意を決して能登旅行に連れて行ってくれた。七尾市の和倉温泉に泊まり翌日は輪島観光、その後半島の西側を南下して千里浜を車で走った。砂浜を自動車で走った記憶は今も鮮明である。

元旦の地震 －震度5強－

　年が明け元旦の夕方、お酒を飲む準備を進めお刺身の柵を引いていたときに揺れを感じた。2,3秒ほど後に揺れは激しいものとなり、食器棚に整列していた皿やグラスが音を立てて落ちた。蛍光灯は千切れんばかりの激しい振り子運動。私は仕事柄か、これは震度5弱？いや強かな。それ以上かもしれない、揺れの方向は？などと考えながら部屋内を見渡し、テレビが倒れないよう押さえていた。脚が悪いはずの父が驚くような俊敏さで玄関に向かって行く。家が崩れると思っ

て外に出ようとしたとのことであったが、少々パニックになっていたようで玄関の鍵を開けられず外に出られない。鍵を壊そうと金づちを持ち出したところで私は止めに入った。

　数分の揺れの後、外へ出るとご近所の方々もわらわらと道路に出てきた。曖昧に空を見上げる人、津波注意報が出ているらしいなど、情報を発信している人、さまざまである。ここは海岸から直線距離で5km以上離れているし、日本海の津波は大したことないだろうと気にしなかったが、実際には直江津に津波が押し寄せ、海面からの遡上高さは6.58mに達した。「なおえつ海水浴場」では店舗建物や小屋が流された。道路の被害では海岸沿いの国道8号線、茶屋ヶ浜付近で土砂崩れが発生し、幅80mに渡って道路を寸断した。更に驚いたのは津波が関川を遡上して、それは海岸から内陸へ5km地点まで到達していた。

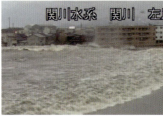

※写真は上越市タウンジャーナルより引用

　お隣の旦那さんがこちらへ向かってきて「足田さんとこの瓦、崩れてるよ！」と教えてくれた。家から離れて屋根を見上げると、棟瓦のほとんどが片流れ屋根の片方の面に崩れ落ちているのが見える。揺れの方向が南北方向だったことから、棟瓦は面外方向に力を受けて倒れたのである。これから積雪の多い季節が到来するのにまいったなと思った。改めて家の中の被害を確認するため家に戻り各室を見て回るが、ここ数年で父親が物を整理していたこともあり大変なことにはなっておらず安心した。庭を見渡すと灯篭が倒れてい

る。今回と同じく上越市で震度5強を観測した中越地震では倒れなかったものである。隣地境界のブロック塀は、棟瓦と同じく面外方向に力を受けたはずであるが、雪国仕様で頑丈に作られており無被害であった。雪国では雪を下した際など塀に雪の圧力がかかることがあるため頑丈に作るのである。両方の地震をこの家で体験した父は、揺れ方が中越地震の比ではない、恐ろしかったと言っていた。実際それから数日間、父は些細な音に反応して体をビクつかせていた。心的ストレスというものなのだろう。

翌朝早々に板金屋さんに連絡を取り、応急処置をしてほしいと伝えると午前のうちに見に来てくれ、ブルーシートだと雪が積もったときに調子悪いからと、防水シートで丁寧に応急処置をしてくれた。崩れた棟瓦に直撃された瓦も、かなりの枚数が割れてしまっているらしい。崩れた瓦は下屋の鉄板屋根に並べられ、後は瓦屋さんに本修理をお願いすることになるとのこと。

棟瓦は高さ40cmを超えるものであり、地震による転倒リスクが高いものであった。棟瓦全体としては3tほどの重量。父によると鬼瓦と棟瓦を、周辺の建物より立派なものにしようとする慣習みたいなことがあったようで、なるべく大きく立派なものにしてもらったとのこと。今回はそれが裏目に出てしまったのである。上越市内では多くの家屋に被害がでており、朝から建築業者等に問い合わせが殺到しているらしい。また、上越市内に瓦屋さんは3、4軒ほどしかないため板金屋さん曰く、瓦本体の修理を行えるまでかなり待つことになるだろうとのことだった。

最終的に上越市内の家屋の一部損壊は1000棟を超え、板金屋さんの言葉のとおり、我が家の瓦修理が完了したのは元旦から5か月後のことであった。

七尾市－震度6強－

令和6年6月9日、能登半島へ視察に向かうというJASOメンバー2名に便乗させていただき、金沢を拠点に七尾市、輪島市などを視察する機会を得た。

午後1時30分過ぎに和倉温泉に到着。震度6強を観測した七尾市にある、能登を代表するホテル「Kホテル」を訪れた。館内マップによると七尾湾沿いに建つこのホテルは4棟からなる。七尾港から望む左側の棟は地上12階建てであり、客室の窓が並ぶ方立壁にはせん断ひび割れがくっきりと見える。右隣の棟は地上20階建て。目視では大きなひび割れは見当たらない。両建物と海の境にある犬走りは、いたるところ陥没していた。

被害の全容は伺い知れないとして、現在休業中の加賀屋は令和6年7月1日現在の情報によると2年後の2026年に営業を再開するとのことである。これからの調査で確認されることと思うが、今回の地震で基礎杭等に被害が及んでいなければ良いと思う。

Kホテルの姉妹館である「AE風」は複雑な平面形状の鉄骨造で、館内マップによると地上9階建ての2棟がEXP.Jにより繋がっている形状と思われる。数か所で外壁（ALCパネル）が外れて落下しており、地上7階付近から地面に激突して砕けた塊は、人ひとりを楽に覆いつくす程の大きさである。宿泊客が多かったであろう元旦の夕方、人的被害は無かったのだろうか。

七尾一本杉通り沿いは店舗建物が点在しており、瓦屋根の木造又は軽量鉄骨造建物の被害が目立ち、倒壊している建物もあった。

　鉄骨造3階建ての建物は殆どの外壁ALCパネルが剥がれ落ちていた。日の字柱で柱梁接合部に大梁が挿入されていない形状であるが、鉄骨架構に大きな被害は見られない。とはいえ外壁が落下しており、通行人などへの安全は担保されなかった。

　今回視察においては、鉄骨造外壁の落下被害が多く目についた印象である。昨今、ALCパネルの取り付け方法としてロッキング工法が主流となっているが、古い建物を耐震改修する場合、可能であれば取り付け工法の更新ということも考慮に入れる必要があると思った。

内灘町－震度5強－

　七尾市から金沢へ戻る道すがらの内灘町海沿いを走る。内灘町は震度5強を観測し、液状化の被害が多くあった地域である。波打つ道路が続き、沿道の電信柱はことごとく傾いている。倒壊した建物が多いとは言えないが、液状化により傾いた建物が多い。カルバート形状の壁式鉄筋コンクリート造車庫は沼に沈むように砂に埋もれていた。道路境界線の門を含め、敷地が1m程度沈み込んでいる住宅もあった。

輪島市－震度6強－

　6月10日午前8時30分頃、Gビルに到着。能登里山海道の、徳田大津JCTから能登里山空港まで北へ延びる国道は一方通行となっており、車は跳ねたり沈んだり、油断していると舌を噛みそうなほどの悪路である。所々で道路が崩れており、迂回する新たな道路を敷設して輪島までの道を繋いでいる。

　Gビルは横倒しになったままで、最上層だったところに支柱を設置して道路との隙間を保っている。基礎フーチングが露わになっており、柱1本あたり4本から5本のコンクリート杭にて支持されていたことが判る。印象として偏心している基礎フーチングの厚さが薄く、地中梁のせいも幅も小さいと感じた。転倒時の衝撃によるものか不明であるが、地中梁端部が壊れている。報道等によれば地下階など、耐震補強を行ってあったとのことであるが今後、倒壊した側の建物架構、基礎架構及び杭の調査が行われ、倒壊の主原因が解明されるのだろう。

門前町－震度6強－

　午前11時30分頃、門前町に到着。倒壊した古い家屋が目立つ。瓦は崩れ落ちないままに、そのまま倒壊している。能登瓦は雪を滑りやすくするため釉薬を厚く重ね塗りするとのこと。また、海風による塩害を防ぐため裏面にも釉薬を塗る。故に重い瓦となるのである。近づいて見ると、瓦一枚一枚が針金で繋がれている。このため大地震の揺れでも瓦が屋根から滑り落ちなかったのだろう。本震で被害を受けた建物架構に、余震による再度の力が加わるとき、重いままの屋根を背負っていたのでは分が悪い。その土地の気候を鑑み

発達していった瓦なのであろうが、風に対して瓦が飛ばされないよう緊結したことにより、地震に対しては裏目となってしまったという印象である。

終わりに

　上越市の被害は甚大と言えるものではなかったが、震度5強の揺れを体感し、大きな被害では無かったとはいえ実家の瓦に被害を受けた。耐震改修を生業としている身として貴重な経験であったと思う。瓦が修理されるまで、冬の間は積雪状況が気になり、梅雨が近づく頃は雨が気がかりだった。震災ゴミとしての瓦の搬出手続きや、防水シートが強風により剥がれてしまったりということがあり5か月間、相模原市と上越市を何度も往復した。

　新潟県沖の海域活断層のなかで、上越沖断層帯はマグネチュード8程度が想定されているらしい。将来、上越市でも想定を超えた地震が発生する可能性があるということで、充分な防災対策が必要であると言える。

　能登視察は限られた時間と範囲ではあったが、圧倒的な自然の力というものを見た。それは写真のフレームに納まるものではなく、肌で感じるものだと判った。建物が倒壊するほどの巨大地震の際の恐怖が、如何ほどのものだったかを想像した。今回訪れた輪島など、人命が失われてしまった現場を見て、改めて建物の倒壊や非構造部材の落下等による、人的被害が起こるリスクを最小限とするための耐震改修を進めて行かなければと思った。

（足田尚人）

4-18

自分の命は自分で守る
地震から命と建物を守り、地震後も暮らし続けるために

　2024年元旦16時10分、令和6年能登半島地震（以下能登半島地震）が発生した。震源は石川県能登地方で、深さ約16kmでマグニチュードM7.6の地震が起き、輪島市と志賀町（しかまち）で震度7の地震を記録した。能登地方では、3年前から群発地震が発生しており、2023年5月5日にM6.5最大震度6強、2024年1月1日16：06（本震の4分前）にM5.5最大震度5強の揺れを観測していた。

　能登半島地震では、地震の他に津波、火災など複合災害が起き、それにより液状化や地盤変状も引き起こし、建物は倒壊し、多くの街は瓦礫の山になった。さらに、道路やインフラが寸断され、ライフラインや通信が途絶え、被害の把握に手間取った。住民の生活は日常を失い、高齢化が進む中で、避難所環境だけでなく、行政・医療・福祉機能への影響も生じ、復旧に時間がかかるなど、多くの課題を残した（**写真1～4**）。

　能登半島で建物が倒壊したのは、建物が古いから、木造住宅だから、屋根が瓦だからなどの報道を耳にしたが、東京にも地震は来る。基本の「キ」は生命と財産、そして生活を守る「建物の耐震化」であるが、これさえ出来ていない現状がある。

1. 人命や生活を奪う地震被害
　　繰り返される同じ光景

　このように街が瓦礫の山となった光景は初めて見るものでは無く、私たちは阪神淡路大震災（1995年）、東日本大震災（2011年）、熊本地震（2016年）など大地震の度に見て来た（**写真5～12**）。

写真1　珠洲市　寺社仏閣

写真2　輪島市　重要文化財

写真3　珠洲市　木造住宅

写真4　珠洲市　木造住宅

写真5　阪神淡路大震災神戸市　崩壊したマンション

写真6　阪神淡路大震災神戸市　崩壊したマンション

写真7　東日本大震災石巻市　津波で消滅した街

写真8　東日本大震災南三陸町志津川　津波で消滅した街

写真9　熊本地震　木造住宅

写真10　熊本地震　崩壊したマンション

2．その日は突然やって来る。

　東京にも地震は来る。東日本大震災の東京は最大震度5強で、建物の被害は限定的だったが、地震後の道路は車が渋滞し、歩道は帰宅困難者で溢れ返った。この日のことを忘れてはいけない。（**写真13**）

　その日は突然やって来る。気象庁の震度階級によれば、震度7の揺れは、立っていることができず、はわないと動くことができない。揺れにほんろうされ、動くこともできず、身体が飛ばされることもある。屋内の状況は、固定していない家具のほとんどが移動したり倒れたりし、飛んでくるのである。地震がおさまり道路まで避難できても、ライフラインが止まれば、備蓄等でしのぐことになる。コンビニやスーパーは閉まり、自販機が止まり、スマートフォン繋がらず、日常が突然壊れるのである。多数の避難者が訪れる避難所は、支援物資が届くまでは、限られた飲食料等の備蓄を分け合い、耐えしのぐことになる。もし、その時自宅が倒壊し、住む家がなくなった時の事を自分の事として考えて欲しい。

写真11 阪神淡路大震災 倒壊したビルが道路を閉塞。
（写真 神戸市HPより）

写真12 阪神淡路大震災 火災を眺める住民
（写真 神戸市HPより）

写真13 2011年3月11日 東日本大震災帰宅困難者 （写真 東京都HPより）

3．誰が助けに来てくれるのか

　能登半島地震の復旧について、もどかしく感じられていた方が多かったと思う。半島だから、高齢化が進んだ地域だからと報道されることもあったが、東京ならばそうならないのか。

1）高齢化

　総務省統計局『人口推計』によれば、東京都と石川県の平均年齢はそれぞれ45.5歳と48.2歳で2.7歳石川県の方が高い。老年人口の年少人口に対する比である老年化指数は、東京都206.2に対し、石川県251.0と確かに高くなっている。（**表1**）

　これを全国に広げ、団塊世代の昭和24年生まれの方の年齢と大地震を重ねてみると、阪神淡路大震災46歳、東日本大震災62歳、能登半島地震75歳となり国民全体の高齢化も進んでいる。（**表2**）

2）救急車

　東京都の新たな被害想定（令和4年5月25日　東京都防災会議）によれば、都心南部直下地震の東京における被害想定は、死者6,148人、負傷者93,435人である。

表1　都道府県別人口の平均年齢、年齢構造指数
（総務省　2021年）

都道府県	平均年齢（歳）	老年化指数
全国	47.9	245.0
東京	45.5	206.2
石川	48.2	251.0

表2　大地震と昭和24年生まれの方の年齢

	西暦	年齢
昭和24年生まれ	1949年	0歳
阪神淡路大震災	1995年	46歳
東日本大震災	2011年	62歳
能登半島地震	2024年	75歳

これに対し、東京消防庁の車種別消防車両等の配置定数（令和5年4月1日）によると救急車は376台である。1傷病者の搬送にかかる時間を2時間とすると、12時間で6回　376台×6回＝2,256回となり、負傷者93,435人に対し2.4％の方が運ばれることになる。繰り返しになるが、この時道路は車が渋滞し、一般車両では残りの負傷者を優先的に運べないのである。

図表1　人口ピラミッド（統計ダッシュボードより）
1995年

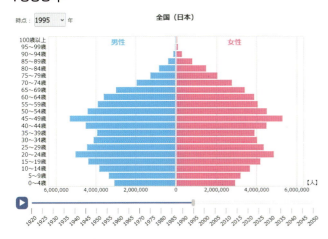

2010年

2025年

3）2024年問題と建物の耐震化

2024年問題は運送業者だけでない。自衛官、消防署員、警察、医師・看護師など、全ての業種で起きている。大災害の度に混乱が生じ、その経験を踏まえ行政や民間ボランティアなど緊急時の体制は整ってきた。しかし高齢化が進み、人口が減少する中で、過去と同様の援助を期待出来ない。建物が倒れ下敷きにならないように、平時において自宅の耐震化をする事、そして不慮の事故に備え、自分たちで助け合うように、家族と話し合い、近隣の方と日ごろのお付き合いを大切にしたい。

4. 耐震化率

1）奥能登4市町の耐震化率が低いという報道もあった（**表3**）。確かに能登半島地震は建物の倒壊率が高く、被災状況は阪神淡路大震災を思い起こさせた。しかし、耐震化率が高い東京でも耐震化が進んでいるとは言い難い。国土交通省の令和5年の資料によれば、全国の住宅の耐震化率は平成30年時点で87％、内訳は戸建て住宅が約81％、共同住宅が約94％で、さらに令和12年までに耐震性が不十分な住宅を概ね解消とされている（**図表2**）。

表3　奥能登4市町の耐震化率

	耐震化率
輪島市（R元）	45％
珠洲市（H30）	51％
穴水町（R元）	48％
能登町	50％

耐震化率には新耐震基準の建物も含まれるので、耐震改修が進まなくても、新築住宅が建設されれば、耐震化率は上がっていく。さらに住宅の耐震化率は戸数でカウントされているので、再開発で規模の大きいマンションが建設されれば、耐震化率は上がりやすい。奥能登の4市町の耐震化率が低いのは、新耐震基準の建物が多く建てられてこなかったからと思われる。

大地震で倒壊・崩壊する恐れのある建物は、昭和56年以前に建設された旧耐震基準の建築物の内、耐震性が不足する建築物であり、耐震化を進めるには、その建物の数を棟数でストレートに示すべきである。

図表2　令和5年1月12日　社会資本整備審議会建築分科会　建築物等事故・災害対策部会（第30回）資料

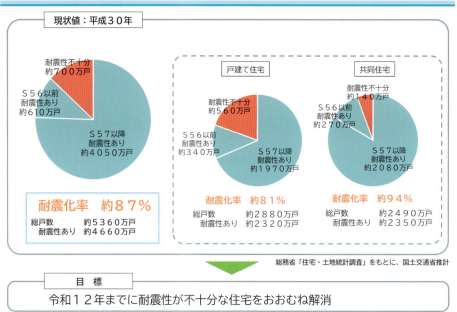

2）一般緊急輸送道路沿道建築物で耐震化率を考える

図表3は東京都耐震改修促進計画（改訂）（令和5年3月）において、一般緊急輸送道路沿道建築物の耐震化状況である。

令和4年6月時点の耐震化率は84.3 %

　①一般緊急輸送道路沿道建築物　25,066棟
　②耐震性を満たすと推定される建築物　21,120棟
　耐震化率　＝ 84.3%（②／①）
である。

同じ図表を用いて（図表4）で一般緊急輸送道路沿道建築物の耐震化状況を考えると、

　①旧耐震基準の建築物　5,524棟
　②耐震性を満たす建築物　1,578棟

令和4年6月時点、旧耐震基準の建物で耐震性を満たす建築物の割合は28.5 %である。（②／①）

　③耐震性が不足する恐れのある建築物　3,946棟

旧耐震基準の建物の内、耐震性が不足する恐れのある建築物の割合は71.5%であり、あと3,946棟をいかにゼロにするかと考えるべきである。

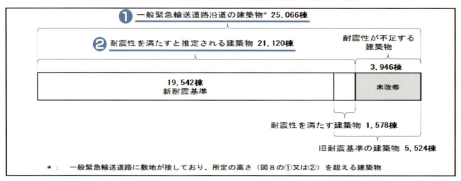

図表3　東京都　一般緊急輸送道路沿道建築物の耐震化状況

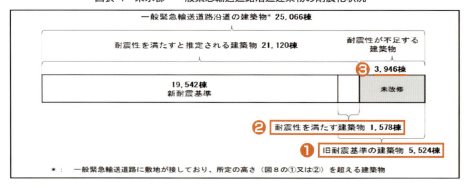

図表4　東京都　一般緊急輸送道路沿道建築物の耐震化状況

190

5. 全ての建物を耐震診断する

1) 耐震基準の改正

建築基準法における耐震基準はそれぞれの時代における地震による建築物の被害についての技術的知見を踏まえて定められており、現行の建築基準法令における耐震基準は1981年（昭和56年）6月に導入されている。この耐震基準は、建築物が保有すべき最低限の基準として、中規模の地震動（震度5強程度）に対してほとんど損傷を生じず、大規模の地震動（震度6強から7に至る程度（阪神・淡路大震災クラス））に対して人命に危害を及ぼすような倒壊等の被害を生じないことを目標としている。

2) 阪神・淡路大震災等における被害状況

1995年（平成7年）の阪神・淡路大震災においては、死者数のうち約9割が建築物に起因するものであり、昭和56年以前に建築された現行耐震基準に適合しないと考えられる耐震性が不十分な建築物に多くの被害が見られた。（**表4**）

表4　阪神・淡路大震災における死亡者の死因

死因	死者数
家屋、家具類等の倒壊による圧迫死と思われるもの	4,831人
焼死（火傷死）及びその疑いのあるもの	550人
その他	121人
合計	5,502人

また、建築年別の被害状況でも、昭和56年以前の旧耐震基準建物で、倒壊・崩壊14%、大破が15%、合計29%と被害が大きかったことを示している。（**図表5**）

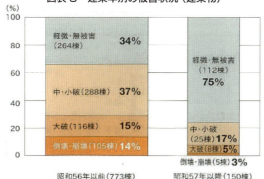

図表5　建築年別の被害状況（建築物）

（出典：改正建築物の耐震改修の促進に関する法律・同施行令等の解説　ぎょうせい）

3) 既存不適格とは、建築時には適法に建てられた建築物が、建築基準法など法令の改正などにより、不適格な部分が生じた建築物のことで、そのまま使用することが認められているが、増築や改築など確認申請が必要な場合、是正が求められる。

4) 耐震基準は法改正から43年経ち、改正後に起きた大地震でも、旧耐震基準の建築物が倒壊・崩壊し、尊い命が奪われてきた。マンションが100年持つ時代に、耐震診断もせず、耐震性が不足している恐れのある建物に住み続けるのはいかがか。まず、全ての建物で耐震診断を実施する仕組みを作れないか。

5) 能登半島地震では、住民が高齢化し、自宅に耐震改修費用をかける事がためらわれていた実態が浮かび上がった。年寄りは地震で命を奪われて構わないのか。また、建物が転倒し、隣人が命を落とした。この事実から目をそらすのでなく、目の前で起きた事を重く受け止めたい。大地震を前に我々の出来る事は限られているかもしれない。それでも、子供の命を大人が守る、年寄りを大切にする。大切な一人ひとりがいて、小さな力を合せて地域を災害から守る、そんな社会に生きて行きたい。

6. 地震から命と建物を守り、地震後も暮らし続けるために

その日は突然やって来る。震度7の地震は、テレビやタンスが飛んできて、何かにつかまらなければ立っていられない揺れである。道路はガタガタになり大渋滞し、日常の生活は止まる。地震から命や建物を守り、地震後も暮らし続けるためには、このような事態を想定し備えたい。

1) 地震で壊れない建物に住むこと

旧耐震基準の建築物は、耐震診断をして、耐震性を確認し、必要ならば耐震改修する。

2) 十分な備蓄をする。

地震後も暮らし続けるために、ライフラインが復旧するまで、あるいは支援の手が届くまで、自分の生活は自分で守れるよう準備し、備蓄も十分にしておく。

3) 日ごろの備え

平時から、家族と共にハザードマップや避難所までのルートなど確認すると共に、マンションの場合は、管理組合として防災訓練を実施し、住民同士のコミュニケーションをはかり、災害時に住民間で助け合う準備をしておくことも大切である。

（今井章晴）

4-19
能登半島地震被害調査から見えてきた地震被害事前予測の重要性

　2024年（令和6年）1月1日に起こった能登半島地震の規模は、マグニチュード7.6、震度7の規模で、震源：地下16km。津波高さ最大6.58m。死者299人という甚大な被害をもたらした。この地震発生を事前に察知して、対策を施すことが出来たとしたら、どんな対策が可能だったのか、地震、津波災害の事前予測について考えてみたい。世界の地震分布図を見ると、各大陸を囲う陸と海の境界に地震の震源が帯状に取り巻いているのが分かる。地震のメカニズムと陸地と海洋の境界との関係については、地震予測の可能性も含めて、学会などでも研究が進んでいる事と思われる。

地震はなぜ起こるのか　日本地震予知学会

1. 海のプレートが陸のプレートに押し寄せることで圧力が生まれ、プレートがひずんで亀裂が入ったり大きく動いたりすることが地震の原因。
2. 日本列島の地下には断層があり、プレートの移動などでずれが生じその衝撃が震動して地面を伝わることで地震が発生。
3. 地球の表面はプレートで覆われており、プレート同士のぶつかりあいや地中へのもぐりこみが地震を引き起こす。
4. プレート間の接する面の摩擦が大きいと海のプレートが陸のプレートの先端を引き込みながら沈み、ひずみがたまり、地震が起こる。

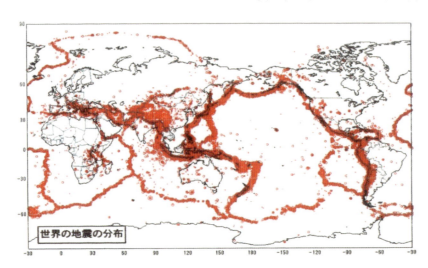

世界の地震分布図

「地震予知学会設立の趣旨」; 地震予知の難しさについて　日本地震予知学会

日本地震予知学会は地震の先行現象を総合的に、又学術的に議論し、地震の短期・直前の予知の実現に貢献したいとの思いで設立されました。地震の長期・中期予測に比し、地震の短期予知は社会的ニーズが高いにも関わらず、極めて困難な課題と考えられています。40年ほど前より研究が始まった新しい地震電磁気現象は多くの謎に包まれています。更に地震予知の課題自体が多くの学問分野にまたがり、極めて学際的であることから、異分野の研究者の協力が何より重要と考えている。

日本は地震国であるという事が言われ、4方を海に囲まれて、殆どの自治体が海に面している。表①の2023年度47県の「震度別地震回数」を集計した棒グラフと、表②の日本地図を見ると地震発生の頻度の高い地域が存在していることが分かる。

1位鹿児島県49回、2位石川県29回、3位北海道25回、次いで東京都4位19回、福島県5位18回である。鹿児島県を別にすると、北海道から太平洋側の5県、と西北の石川県などに集中していることが分かる。

JASOのこれまでの地震、津波の被害調査は、1995年の阪神淡路大地震、2011年の東日本大震災、2016年の熊本地震を経験し、今回の能登半島地震に続いている。我々が被災地を中心に積み上げてきた経験と知識を基にして、今後間違いなく発生する大小の地震被害を事前に予知して、可能な限りの防護策を講じ、被害を最小限に抑えることも重要な活動の柱になると考えている。その為にもこれまで地震予知を中心テーマに研究してきた研究者の方々からも多くの知見を教授して頂くと共に我々のこれまでの経験を少しでも役立てることが出来れば、活動の幅も広がると思われる。表②に表れている地震多発地帯の図を参考にして、これから大規模な地震に見舞われる可能性の高い地域を選んで、〈災害事前調査〉と言った活動にも取り組んでみたい。

もし輪島、珠州の地域で出来ていれば、この地域の被害や死者の発生を少しでも減らすことが出来たのではないか。事前予知の事例として検証してみる意味はあると思う。

今回の報告書の中でも今回の能登の経験を今後に生かしたいという趣旨の意見を書いた人があった。

「地震予知研究会」というのはどうだろう。今回の教訓として震災前の輪島、珠洲をたたき台にして被害を最小限に抑える予備的な対策がありえたのかを研究してみたい。あるいは前掲の2023年度の「震度別地震回数」の多い地域の自治体にJASOが働きかけて、事前予知プロジェクトが出来たら色々な問題点が見えてくると思う。

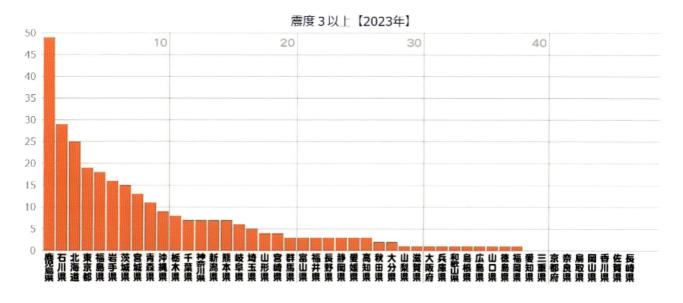

表①　震度別地震回数（「都道府県データランキング　https://uub.jp/pdr/」による）

震度3以上【2023年】

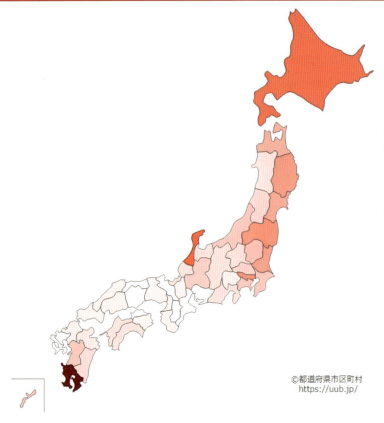

表② 震度別地震回数（「都道府県データランキング　https://uub.jp/pdr/」による）

以下事前予測のポイント

A　避難場所の要件
- 避難場所の海抜高さと海岸線からの離隔距離
- 対象地域から避難場所までの距離
- 現在、輪島市、洲崎市の復旧には殆ど手が付いていない状況です。今回の被災内容を検討し、同様の被害を繰り返さず地震津波に負けない街にする事の方策を研究する。
- 少子化、高齢化の流れの中で、若者も高齢者も夢を持って働ける街。以前の街並みや近隣関係を回復しながら、能登の古い面影を残した街並みで、観光に主体を置いたまちづくり。災害に強い街にするとしたらどのような手立てが可能であるかを、市民、専門家、研究者が協力して、知恵を出し合う必要があると思う。

B　地震と津波に強い地域（街並み）を計画する。
- 木造戸建住宅の集合地域は適度な離隔距離と広場、避難道路を確保する。
- 高台避難経路の整備

C　津波対策
- 防潮堤・防潮林計画/・避難ボートの整備/
- 避難ボートの整備
- 支援体制の取りやすさ
- 隣接自治体との協働体制。
- 被災地と被害が小さかった避難場所
- 周辺道路整備

D　津波が引いた後に簡単な手入れで戻れる街づくり
- 事前対策の良し悪しは、人命を含む被害を最小限に限定できることと同時に、復旧に必要な多くの時間と経済的負担を軽減するメリットは大きい。災害復旧対策に要する時間とコストを比較すると、事前と事後の差は大きいと思われる。
- 「震度別地震回数」のグラフで上位20位以内に上がっている自治体は当然として、それ以外の自治体も真剣に対策に取り組む必要があると思われる。
- これらの低層密集市街地域の耐震、耐火、浸水防止対策の方法は東京のいわゆるゼロメートル地帯の防災計画に共通する課題であり、様々な知恵が共有できるテーマであると思われる。
- 更にＡＩを使った避難計画の作成も大いに可能性に期待したい。

（河野進）

能登半島地震の復興計画－人口減少・高齢化社会へ

1、能登半島地震被害の特性

2024年1月1日に発生した能登半島地震から1年が経つ。半島という限られた地域に発生した地震であったが、その被害は各地に分散し、孤立している。輪島市の朝市通りでは公費解体が進むが、未だ解体に手のつかない地区もある。前提となる道路の復旧や、作業員の確保が思うように進んでいない。

一方、復興計画も出始めている。石川県は6月に、「石川県創造的復興プラン」を発表した。輪島市の朝市通り商店街は若手経営者がワークショップを開いた。各地域の検討も開始されている。着実な復興への歩みが感じられる。

そこで考えなければいけないのは、背景にある日本全体の社会構造の変化である。今は阪神淡路や東日本大震災の時代と異なる。日本はGDPが世界順位を落としつつあり、少子化人口減少の進行が止まらない。アベノミクスの負の遺産で、円安が進行しインフレが進むが、実質賃金の低下が止まらない。こうした背景の中での復興計画を考える必要がある。

2、東日本大震災からの教訓

NPO耐震総合安全機構(JASO)では東日本大震災の被害調査を2011年以来、続けている。2023年には第18次調査を行った。被災地は原子力発電所被害地域を除き、ほぼ復興計画が完成した。巨大な堤防、広い道路、高所移転した街区、復興住宅など、土木建築の工事は終わっている。しかし、人が戻らない。戸建て住宅地に空きが多い。商業地区にも空き区画が多い。コミュニティが失われたという。そして学会他で「復興計画がおかしかったのではないか」という声が公然と聞かれる。何がおかしかったのか、能登半島地震や次の大地震のために検証し、教訓化することが必要だ。

①復興後の規模算定が過大だった

復興計画を作成するときに、人口や経済の将来規模の設定を希望的な視点で大きく見積もり過ぎた。心情的にはやむを得ないと思うが、過大だった。雇用があれば人は戻る。しかし産業の復旧には時間が掛かった。住宅地の高地移転にも時間が掛かった。建築制限が掛かり、自主建設もできなかった。そうした理由で人口の回復は鈍かった。こうした傾向は2005年、アメリカフロリダ州カトリーナハリケーンの際も見られた。その人口回復率は60%といわれている。東日本大震災後も、学識経験者やコンサルタントの冷静な助言が必要だった。しかし政治に押し切られ、過大設定になった。

②地元住民の声の反映が足りなかった

東日本大震災後の復興計画には、各市町村に住都公

写真-1　岩手県田野畑村島越の巨大な防潮堤
しかし内側に民家はない

写真-2　岩手県陸前高田市　高田松原津波復興祈念公園
後ろの高上げ地に建物がない

団他のコンサルタントがついた。様々な意見を持つ住民間の調整に苦労された。しかし、結果的には、住民の声を細かく拾えなかった。高地移転の賛否、その完成時期などで不満が残り、人口減少に繋がった。また、地域のコミュニティが失われた。

③土木建築の比重が大きすぎた

防潮堤、道路、公共施設、復興住宅などの箱もの整備が復興計画の中心となった。その中身の事業や生活、雇用などのソフト復興計画が弱かった。住民が高齢化していて、箱があれば中身は自分達で詰めていくという訳にいかなかった。復興庁ができても、国土交通省主導の予算消化に陥った。

④余計な便乗事業が多すぎた

被災地の復旧・復興に便乗した事業が多く出た。国の予算による補助が出るために、本来は別の目的である事業まで行われた。復興に必要な事業に抱き合わせがなされ、予算が肥大化した。さらに、完成後の維持管理費用のリスクを残した。

⑤事業期間の設定が短すぎた

復興の中心は産業の復興であり、雇用の創出である。その意味で復旧、復興の事業期間が短すぎた。そのため、被災地以外の大手ゼネコンやコンサルタント、大企業が事業を請け負うことになった。実際には地元企業に下請けさせるが、ピンハネが行われた。地元でできる規模で長期間の事業計画こそ復興事業となり、雇用が戻り、人が戻るチャンスがあったのに、失われた。

以上、少しネガティブな面ばかり見てしまったが、もちろん評価すべきものは多い。ただし、今後の復興計画への教訓としては、ネガティブな面を克服する方策を考える必要がある。

3、石川県の復興計画

石川県は2024年6月、「創造的復興プラン」を発表した。

創造的復興のスローガンは「能登が示す、ふるさとの未来 Noto, the future of country」である。その4つの柱として、次をあげる。

- 教訓を踏まえた災害に強い地域づくり
- 能登の特色ある生業（なりわい）の再建
- 暮らしとコミュニティの再建
- 誰もが安全・安心に暮らし、学ぶことができる環境・地域づくり

さらに、創造的復興リーディングプロジェクト として、次をあげる

(取組1) 復興プロセスを活かした関係人口の拡大
(取組2) 能登サテライトキャンパス構想の推進
(取組3) 能登に誇りと愛着が持てるような「学び」の場づくり
(取組4) 新たな視点に立ったインフラの強靱化
(取組5) 自立・分散型エネルギーの活用などグリーンイノベーションの推進
(取組6) のと里山空港の拠点機能の強化
(取組7) 利用者目線に立った持続可能な地域公共交通
(取組8) 奥能登版デジタルライフラインの構築

写真-3 門前町黒島地区の隆起した海岸
復旧は可能なのか

写真-4 輪島市 朝市通り
観光産業があるので必ず復興できる

（取組9）能登の「祭り」の再興

（取組10）震災遺構の地域資源化に向けた取り組み

（取組11）能登半島国定公園のリ・デザイン

（取組12）トキが舞う能登の実現

（取組13）産学官が連携した復興に向けた取り組みの
推進

　今回のプラン作りには事前にかなり地元の声を聴いている。東日本大震災から学んでいる。復興のタイムスケジュールを、2年、5年、9年と三段階にしている。

　そうした点は評価すべきである。しかし、（取組1）に掲げる関係人口の拡大は、過大な復興計画に繋がる危惧がある。人口の拡大を掲げざる得ない気持ちは理解できる。しかし、今後の具体的な計画規模の算定で正解値を出していく必要がある。（取組2、3）は学問、教育関係である。産業基盤の弱い能登で知的産業を中心に据える取り組みは評価できる。（取組4〜8）インフラ復興である。強靱で分散的なインフラ構造に変えていく挑戦である。ここに英知を集めていく必要がある。一方で土木、建築の箱モノ中心に陥る危険もある。（取組9〜12）は能登の心の復興である。人口流出の中で今のコミュニュティを損なわず、人が誇りを持ち、帰ってくる施策が必要である。要は産業と雇用の拡大である。

4、これからの方向

　注目していた石川県の復興計画を見ると苦渋の姿勢が感じられる。しかし、人口減少、高齢化、経済縮小は日本全体の傾向である。その前提をはっきり示して、復旧、復興に臨むということを行政は発言すべきである。土木、建築中心からソフト中心の知的産業への構造変革を行わなければ、人の帰ってくることはない。東海・東南海大地震や首都直下型地震が起これば、能登半島地震以上に厳しい状況で復興計画を立てることになる。そうした事態に備えるためにも、建前から本音の復興計画に切り替えていく必要があるだろう。そのためには、日本全体として価値観を変えていく必要がある。GDPや経済成長率のような数値主義から、もっと個人の幸せを追求する国家観へ変革が必要ではないだろうか。能登半島地震では被災した人達の絶対数は、幸いに阪神淡路や東日本大震災に比べて小さい。人口回復率何％のように、その人達を数字で捉えるのではなく、一人ひとりの人間として今後の生活を考えていくことが、能登半島地震の復興計画では可能ではないだろうか。そうすれば「復興成って、コミュニティ無し」ということにはならない。

（安達和男）

執筆者一覧

氏　名	所属会社名
足田　尚人	尚建築事務所
安達　和男	Adachi Archi Associate
伊藤　昌志	㈲共同設計・五月社一級建築士事務所
今井　章晴	㈱ハル建築設計
鯨井　勇	㈱藍設計室
近藤　一郎	㈲プラナーク設計
河野　進	㈱河野進設計事務所
篠崎　玲紀	㈱ライク　東京支店
坂井　里江	藍建築研究所　一級建築士事務所
白石　健次	㈱漆企画設計
鈴木　昭夫	サンリョウ設計㈲
早川　太史	㈲共同設計・五月社一級建築士事務所
藤本　健	藤本環境・エネルギー計画室
三木　剛	㈲共同設計・五月社一級建築士事務所
三島　直人	一級建築士事務所住環境変換装置
宮城　秋治	宮城設計一級建築士事務所
屋敷　義久	湊建築事務所
屋敷　和也	湊建築事務所
矢作建設工業㈱　法人賛助会員	

写真・表紙：輪島市河井町、裏表紙：輪島市朝市通り

とりもどす街と地域の暮らし

2024 年 能登半島地震　被害記録と提言

定　価　　4,000 円(＋税)

発行日　　令和 7 年 1 月 21 日　第 1 版第 1 刷

著　者　　JASO 耐震総合安全機構
　　　　　能登半島地震被害調査団
　　　　　〒112-0013　東京都文京区音羽 1-20-16
　　　　　PAL 音羽ビル 7 階
　　　　　TEL：03-6912-0772

発　行　　㈱テツアドー出版
　　　　　〒165-0026　東京都中野区新井 1-34-14
　　　　　TEL：03-3228-3401

ISBN978-4-903476-88-9